Marlen Schäfer

Las Brisas
Unerwartete Reiseerlebnisse

Marlen Schäfer

Las Brisas

Unerwartete Reiseerlebnisse

Rediroma-Verlag

Bibliografische Information der Deutschen Nationalbibliothek:
Die Deutsche Nationalbibliothek verzeichnet diese Publikation in der Deutschen Nationalbibliografie; detaillierte bibliografische Daten sind im Internet über http://dnb.ddb.de abrufbar.

ISBN 978-3-96103-073-6

www.rediroma-verlag.de
6,95 Euro (D)

Inhalt

Moskau – Leninggrad – Sotschi 7
New York und Florida.. 21
Bahamas – Jamaika.. 35
Kalifornien Rundreise.. 42
Israel.. 50
Elat – Kairo 56
China 69
Atlantiküberquerung von Caracas nach Teneriffa....... 83

Moskau – Leningrad – Sotschi
„In Rußland gibt`s nicht mal Straßen!“

Männer, die den Zweiten Weltkrieg in Rußland erlebt hatten, haben es uns erzählt und immer wieder mit Nachdruck versichert. „ In Rußland gibt`s nicht mal Straßen! Der Iwan lebt noch wie im Mittelalter!“

So wurden wir neugierig auf dieses fremde Land. Wir buchten Moskau, Leningrad - das heute wieder St. Petersburg heißt - und Sotschi am Schwarzen Meer. Als wir mit der alten Iljuschin heilfroh in Moskau gelandet waren, empfing uns eine mit Maschinengewehren bewaffnete Miliz gleich am Flugzeug und geleitete uns zum Zoll. Die grimmig dreinschauende Eskorte erzeugte in uns aber nicht das Gefühl von Sicherheit, sondern im Gegenteil bange Gefühle und eine Atmosphäre von Besorgnis und leichter Verzweiflung. „Worauf haben wir uns da nur eingelassen?!“, lasen wir gegenseitig stumm in den Augen des anderen.

Wir standen am Zoll, ringsum von Maschinengewehren umstellt und bewacht. Als wir auf die in russischer Sprache gestellte Frage nur mit den Achseln zuckten, kippte der Uniformierte kurzerhand unsere beiden Koffer aus und durchforstete Kleidung und Wäsche. Er fand offenbar nicht das, was er suchte, und wir konnten die Koffer wieder schließen und an uns nehmen. Erst später erfuhren wir, daß er nach dem Verdächtigsten und Schlimmsten zu suchen hatte, was in eine Diktatur, und vor allem eine kommunistische, mitgebracht werden konnte, nämlich nach Zeitungen und Zeitschriften. Nun, wir wollten hier keine Presseprodukte lesen und verteilen, sondern das - damals noch - „

größte Land der Erde mit einem Sechstel der Erdoberfläche“ kennenlernen und natürlich die bis dahin sehr glaubhaften Straßenzustandsberichte unserer deutschen Ex - Soldaten bestätigt finden. Im Moment waren wir aber noch reichlich ängstlich und nervös.

Aber was war das? Zu unserer großen Überraschung fuhr uns ein Bus über große, breite, mehrspurige und überaus saubere Straßen zum internationalen Hotel Intorist. Ein sehr großes, supermodernes Hotel mit einigen Sternchen mehr als manch ein Mehrsterne-Touristen- Betonklotz in Spanien oder Italien!Während wir zu unseren Zimmern gebracht wurden, sahen wir auf jeder Etage eine Frau - „Madka“ - vor einem Holzschreibpult sitzen, die unser Kommen und Gehen streng überwachte und schriftlich festhielt. Die Mienen der Frauen waren ernst und abweisend. Uns beruhigte nur , was die Weltkrieg **II** - Frontkämpfer ebenfalls immer wieder versichert hatten: „ Die Russen sind herzensgute Menschen!“ Na gut, dann würden die „Madkas“ ihre Freundlichkeit und Herzensgüte nur gekonnt verbergen.

Beim Empfangstreffen beschwor uns die Reiseleitung nachdrücklichst: „Keine Soldaten, Armeeeinrichtungen oder Brücken fotografieren! Das ist absolut verboten!“ Unsere Absichten waren bestimmt nicht militärischer Natur, wir wollten auch dem heimatlichen Nachrichtendienst keine Erkenntnisse mitbringen oder gar nachträglich den letzten Weltkrieg gewinnen.

Beim Frühstück am nächsten Morgen stellten wir fest, daß es stets, zu allem und jedem Eiswasser zu trinken gab und den Kaffee als Dessert. Augenzwinkernd informierte uns die Reiseleiterin, daß man mit Hilfe einer kleinen

Aufmerksamkeit- die aber auf keinen Fall Geld sein durfte! - so gut wie alles ändern könnte.

Nach dem Frühstück begann unsere Stadtrundfahrt. Moskau - welch eine aufregende, reizvolle Weltmetropole! Wir besichtigten den Kreml mit seinen vielen Sehenswürdigkeiten, die Räume der Zarenfamilien, die große Glocke, und was uns sofort auffiel, überall viel, viel Gold, Goldverzierungen, Schmuck und Gegenstände. Als ob die - damalige - Sowjetunion jedem Besucher beweisen wollte, daß sie noch vor Südafrika der größte Goldproduzent der Erde war. Vielleich aber auch sollte es dem einfachen Moskowiter, der – auch das war im Straßenbild sofort erkennbar- in bescheidenen Verhältnissen lebte, eine Art Bestätigung vermitteln, daß er sehr wohl in einem proletarischen Paradies leben würde. Die Bevölkerung war arm, aber das Land dank seiner unermeßlichen Bodenschätze sehr reich.

Unser nächstes Ziel war der Rote Platz mit dem Lenin-Mausoleum.

In endlos langen Reihen standen die Menschen davor, um irgendwann einen Blick auf den unter Glas kunstvoll einbalsamierten Kopf des Staatsgründers der Sowjetunion werfen zu können. Offenbar war es den Sowjetmenschen ein wirkliches Herzensbedürfnis, einmal im Leben hier gewesen zu sein. Bei rund 200 Millionen Einwohnern war die Besucherschlange verständlich und sicherlich würde das Besichtigungsritual noch lange Zeit fortdauern.

Die wunderschöne, mit Kostbarkeiten überladene Basilius -Kathedrale. Wie einmalig sie sei, vermittelte uns die perfekt deutschsprachige Führung. Dem Architekten - so verriet sie uns - , der die Kathedrale gebaut hatte, seien die

Augen ausgestochen worden, weil dieses Bauwerk nur einmal auf der ganzen Welt zu sehen sein sollte. Pflichterfüllung an dem heiligen „Mütterchen Rußland“.

Wir fuhren am Fluß Moskwa entlang zur riesigen Universität, an der Kremlmauer vorbei zum Kaufhaus Gum. Eigentlich ein Stadtteil für sich. Wir beobachteten die Menschen, wie sie gekaufte Sachen miteinander austauschten. Wir waren sehr verwundert. Die Erklärung dafür war, daß die Käufer sich nicht, wie bei uns, die Ware aussuchen und anprobieren konnten, sondern nehmen mußten, übrigens zu, verglichen mit dem Verdienst, sehr hohen Preisen, was sie gerade bekommen konnten. Selbst bei Schuhen oder Textilien. So entstand ein laufender schwunghafter Handel auf allen Ebenen des Hauses, um alle Kassen, und die endgültige Verteilung der Waren lag somit in der Hand jedes einzelnen.

Vielleicht war das ja ein Teil des – zumindest laut Propaganda - antikapitalistischen “ neuen Weges in der ruhmreichen Sowjetunion.

Da - wie wir vor Reisebeginn erfahren hatten - in Rußland Trinkgeld zu geben eine Beleidigung sei, hatten wir von zu Hause Kugelschreiber, Strumpfhosen und Kaugummi mitgenommen. Die Gegenstände sollten sich als sehr hilfreich und nützlich erweisen. Als wir nachmittags in unserem Hotel ankamen und wieder von der Madka registriert wurden, fragte ich, ob sie uns am nächsten Morgen um fünf Uhr früh wecken könne, denn wir wollten eine Fahrt machen, und zwar nach Suzdal und Vladimier, 100 km von Moskau entfernt. Dafür brauchten wir zu allem auch noch ein Visum. Unsere Fluraufsicht schüttelte energisch mit dem Kopf. Im Zimmer fiel es mir ein: die

Strumpfhosen! Ich nahm zwei und schenkte„ sie ihr.

Am nächsten Morgen Punkt fünf Uhr wurden wir geweckt, „unsere Madka brachte uns eine Kanne Tee und Gebäck- und ein Visum lag an der Rezeption für uns bereit. Wir waren überrascht.

Pünktlich starteten wir die Fahrt, fuhren - was uns die Reiseleiterin nicht erzählte - an einem Strafgefangenenlager vorbei nach Suzdal. Unterwegs machten wir eine Pause. Plötzlich stürmten Kinder auf uns zu. Zum Glück hatten wir genügend Kaugummi dabei, den wir verteilten. Welch herzliche Freude bei den Kleinen, die aber auf keinen Fall aufdringlich waren, wie das zum Beispiel in südlichen Ländern manchmal der Fall ist. Die Kinder begleiteten uns bis in den Bus, wo sie uns Medaillen schenkten. Der Busfahrer und die Reiseleiterin hatten Mühe, die Kinder von uns zu trennen. Mit Tränen in den Augen fuhren wir weiter nach Vladimier.

In allen Kirchen Ikonen, Ikonen, Ikonen. Wir fuhren durch mehrere Dörfer. Auffällig und abstoßend die vielen Wodkaleichen. Wir beobachteten, wie ein Mann seine betrunkene Frau über die Holzterrasse runterrollte. Sie stürzte ab. Vielleicht kommt daher das Wort „sturzbetrunken"?

Die Basilius-Kathedrale in Moskau

Auf der Fahrt sahen wir überall nette kleine Holzhäuser. Die Reiseleiterin erzählte uns, daß die Einwohner zwar ein Haus besitzen dürften, daß aber der Grund und Boden immer dem Staat gehöre. Das hatte zur Folge, daß, wenn eine neue Straße gebaut wurde, an der Häuser standen, diese einfach abgerissen werden konnten und wurden. Die Bewohner konnten sich dagegen nicht wehren, weil das Grundstück dem Staat gehört. Zum Abschluß hatten wir ein vorzügliches Essen mit Kaviar und Krimsekt.

Unsere Stimmung schwankte ständig zwischen Bewunderung und Mitleid, zwischen Anerkennung und Kopfschütteln.

In unserem Hotel wurden wir zunächst wieder registriert.

Der nächste Tag stand zur freien Verfügung, und wir machten uns auf eigene Faust auf. Wir gingen die große schöne Straße entlang und sahen die riesigen "Wohnmaschinen"der Bewohner. Statt Gardinen waren an manchen Fenstern Zeitungen angebracht – sicherlich nicht aus Begeisterung für die Moskauer Presseprodukte. Die Flure waren wie Kellergewölbe gebaut, im Innern der Häuser sah es sehr schlicht, ja erbärmlich aus.

An einer Ampel wollten wir die Straße überqueren. Plötzlich ein schriller Pfiff! Die Passanten waren teilweise schon zu einem Drittel auf der Straße- doch alle gingen folgsam zurück. Die Angst der Menschen vor der Miliz war sehr groß.

Die Straßen waren peinlich sauber, in Moskau durfte kein Schnipselchen Papier oder eine Zigarettenkippe liegen. Wer eine Kippe wegwarf, wurde sofort angepfiffen und mußte sie aufheben.

Die weltbekannte Moskauer Untergrundbahn, die Metro.

Jede Station wie ein Palast, mit Kronleuchtern und aus Marmor. Solch einen Luxus an einer U-Bahn haben wir bis heute nie wieder gesehen. Alte Frauen mit Kopftüchern und schwarzen Kleidern putzten ununterbrochen die Böden.

Wir waren entsetzt, daß so viele Alte, oft mit krummen Rücken, hier arbeiten mußten. Aber so konnten und mußten sie sich noch ein paar Rubel dazuverdienen.

Während des Stadtrundganges fiel uns immer wieder die bewaffnete Miliz auf. An der Moskwa war eine Bootsfahrt angesagt. Wir lösten zwei Fahrkarten - "hin und zurück" - und gingen an Bord. Eine herrliche Fahrt. Das Schiff legte an einem Haltesteg an. Alle Leute stiegen aus, nur wir beide nicht. Wir waren der Überzeugung, daß wir Tickets für die Rückfahrt hatten. Erst kam der Steward und forderte uns auf, das Schiff zu verlassen. Wir weigerten uns, wir hätten hin und zurück bezahlt. Da unser Englisch nicht so gut war, Russisch aber überhaupt nicht verstanden, wurde der Steward böse. Es folgten noch einige Männer der Schiffsbesatzung und forderten uns energisch auf, von Bord zu gehen. Da wir nicht wußten, wo wir waren und wie wir zurück kommen sollten, lehnten wir es ab, das Schiff zu verlassen. Dann kam der Kapitän. Wir sagten auch ihm, daß wir doch auch die Rückfahrt bezahlt hätten. Plötzlich schleuderte er die Arme hoch und ging weg, als wenn er sagen wollte: „Die sind so blöd, die kapieren das doch nicht!" Später erfuhren wir, daß wir zwar die richtigen Tickets gehabt hätten, daß denoch aber zunächst einmal alle Passagiere aussteigen müßten und dann erst wieder neu einsteigen dürften. „Das haben wir schon immer so gemacht..." - Gewohnheiten, und seien sie noch so unsinnig, haben wohl weltweit zähe Verfechter.

Am späten Nachmittag kamen wir wieder in unserem Hotel an. Meine beiden Pullis, die auf dem Bett lagen, waren weg! Es klopfte an der Tür, ein Zimmermädchen kam und fragte: „Wieviel Rubel kosten die Pullis?“ Ich wurde aufgeklärt, daß der, wer die Sachen offen im Hotelzimmer liegen ließe, damit anzeigt, daß er sie verkaufen wolle. Da ich keine Geschäfte machen wollte, schenkte ich ihr die Pullis. Sie umarmte mich weinend und küßte mich. Wieder einmal wurde mir bewußt, in welchem zumindest äußeren Reichtum wir lebten, daß wir alles mühelos kaufen konnten. Diese Menschen hier aber mußten warten und warten, bis überhaupt Ware kam - und dann auch noch untereinander tauschen.

Am Nachmittag fuhren wir mit der Eisenbahn nach Leningrad. Jeweils vier Personen kamen in ein Abteil, je zwei Betten übereinander, ein Tisch mit Stehlampe, weitaus komfortabler als in unseren Zügen. Die russischen Züge sind dafür bekannt, daß sie sehr ruhig fahren. Wir hätten sicher sehr gut schlafen können. Doch plötzlich ein schrecklicher Knall, Klirren und schreiende Leute. Wir eilten auf den Gang. Ein Mann aus unserer Reisegruppe hatte zuviel Wodka getrunken und war durch die geschlossene Türscheibe gegangen. Ein junger Mann wollte ihm helfen, aber unser Mitreisender schlug um sich. Die Madkas, die uns auch hier bewachten, schrien drauflos und sprachen etwas über Funk, was wir natürlich nicht verstanden.

Nach der aufregenden Nachtfahrt kamen wir morgens in

Leningrad an. Als wir ausstiegen, erschien uns das Bild vor uns wie ein Albtraum: Zwei Männer mit Maschinengewehren nahmen uns in Empfang. Die Frauen zeigten auf den Mann, der die Tür eingerannt hatte. Sie nahmen ihn in die Mitte und führten ihn ab. Mit den Nerven am Ende gingen wir still und geschlossen mit unserem Reiseleiter zum Bus. Der Reiseleiter sagte, er würde alles tun, um den verhafteten Touristen mitzubringen, wir sollten im Hotel warten.

Während unserer Busfahrt erlebten wir wieder eine wunderschöne Stadt. Stunden vergingen, während wir im eleganten Hotel Intorist mit dem phantastischen Ausblick auf die Neva und das vor uns liegende Kriegsschiff Aurora warteten. Am Abend, fast sechs Stunden später, sahen wir unseren Reiseleiter wieder - alleine. Er hatte zwar erreicht, daß unser Mitreisender nicht ins Gefängnis mußte, aber die Miliz hatte ihn zum Flughafen gebracht mit einem Stempel im Ausweis, das er das Land nie mehr betreten dürfe.

Am nächsten Morgen startete eine Stadtrundfahrt. Wir fuhren zum Schloß des Zaren Peters des Großen: ein Traum. Soviel Gold auf einmal hatten wir noch nie gesehen und werden es auch nie wieder. Treppen, Säulen, Spiegelsäle - alles Gold. Das Lustschloß: Gold, Gold, Gold. Wir besichtigten ein altes Verließ und mußten gleich an unseren Mitreisenden denken. Ein schrecklicher Gedanke, daß er in solch einem Loch stecken könnte! Beruhigend, daß er nach Deutschland zurückgekehrt war, wenn auch unfreiwillig.

Wir fuhren weiter. Egal, ob bei einem Eisverkäufer, im Kaufhaus oder vorm Eingang der weltberühmten Eremitage, dem Leningrader Museum mit einer der bedeutendsten Kunstsammlungen der Welt, überall lange Schlangen von

Menschen, Menschen, Menschen. Geduldig und ohne Aufmucken warten sie, bis sie an der Reihe waren.

Vor der Eremitage dachten wir nur : „Hier kommen wir nie rein!“ Aber wir wurden sogar vorgelassen, die Wärter und Aufsichtspersonen verbeugten sich vor uns - während die eigenen Landsleute in den riesigen Schlangen warteten. Man warnte uns, die Eremitage sei so groß, daß man sich schnell verlaufen könne und nicht mehr herausfinde.

Plötzlich dieses faszinierende Gemälde vor mir: „Der weinende Junge“ von Tizian. Ich war so begeistert und beeindruckt, daß ich tatsächlich fast meine Gruppe nicht mehr gefunden hätte. Das Bild war so natürlich gemalt, ich sehe heute noch den weinenden Jungen, die Tränen, die Augen, ich konnte mich einfach nicht davon trennen. Zu Hause kaufte ich mir die erste Biographie von Tizian. In allen Museen und Büchern suche ich seitdem „meinen“ Jungen, aber gefunden habe ich ihn leider nicht mehr. Das heißt, ich müßte wieder nach St. Petersburg fahren - und wüßte auch noch genau, in welchem Raum er sich befindet. Ich war wie hypnotisiert von so vielen Gemälden: Rembrandt, van Gogh, Rubens, Renoir, Leonardo da Vinci und.....und .

Seit 1974 widme ich meine Freizeit am meisten der Kunst. Heute besitzen wir selbst eine kleine Gallerie mit moderner Kunst und eine Anzahl von Malerbiographien. Wie merkwürdig: ausgerechnet in Rußland fand ich zu einem der wundervollsten Kulturgüter.

Nachdem wir die Eremitage und ihre wiederum prachtvoll vergoldeten Räume verlassen hatten, fuhren wir, wie geblendet von soviel Gold, in unser Erste - Klasse - Hotel zurück. Welch eine Wohltat, wir wurden nicht mehr am Ein

- und Ausgang und auf den Fluren registriert. Leningrad war eine moderne, westlich orientierte Stadt, kein Vergleich zu Moskau. Hier konnte man freier atmen. Wir sahen auch weniger Miliz. Aber auch hier gab es vieles nur durch Tausch. So wollten wir mit dem Taxi zum Hotel fahren. Der Taxifahrer verlangte die Jeanshose, die mein Mann trug. Als wir ablehnten, ließ er uns stehen und fuhr weg.

Nach drei Tagen Moskau und vier Tagen Leningrad flogen wir mit einer Propeller Iljuschin viereinhalb Stunden nach Sotschi am Schwarzen Meer. Wir erlebten wieder eine phantastische Stadt. Sotschi ist ein herrlicher Luftkurort. Als wir diesmal in einem Betonkasten von Hotel eintrafen, kamen uns eine Anzahl deutsch schimpfender Gäste mit ihren Koffern entgegen. Wir dachten, daß sie zur Abreise gebracht würden. Am nächsten Tag wurden wir anders belehrt. Es waren Bewohner der damaligen DDR, die das Hotel verlassen mußten, weil wir angekommen waren. Mit Entsetzen mußten wir feststellen, daß sie als Menschen zweiter Klasse behandelt wurden. Da wir die Devisen brachten, wurden wir wie Könige behandelt.

Während unseres einwöchigen Aufenthaltes war in der Devisen - Hotelbar ein russischer Abend angesagt, den wir natürlich miterleben wollten. Da ich etwas später kommen würde, bat ich, mir einen Platz frei zu halten.

Ich ging durch die Rubelbar, wo nur die Ostdeutschen und Russen sein durften und wo mit Rubeln bezahlt werden konnte. Alles war aus schmucklosem Holz, sehr kahl, unpersöhnlich wie ein Wartesaal. Die Devisenbar dagegen war eine hochmoderne Bar mit Clubsesseln, Bühne und Sänger, alles aufs feinste. Ein Hoteldiener stand mit einem dicken Holzbalken an der Tür und hielt sie zu. Ich ging auf den Mann zu, um reingelassen zu werden. Er fragte: „Bundesrepublik Deutschland?“ „Ja.“ der Holzbalken ging hoch, und er ließ mich mit einer tiefen Verbeugung eintreten. Die DDR- Bürger konnten einen Blick hineinwerfen, dann ging die Tür zu und der Balken wieder runter. Ich war dermaßen erschrocken, daß ich mich das erste Mal schämte, ein Westdeutscher zu sein. Während wir den Luxus genießen durften, mußten unsere Landsleute aus der DDR, die nur das Pech hatten, auf der falschen Seite der Mauer geboren zu sein, sich solch eine entwürdigende Behandlung gefallen lassen.

Das führte am nächsten Tag zu hitzigen Diskussionen. Während wir uns bemühten, mit den Ostdeutschen am Strand Kontakt zu bekommen, schimpften sie mit uns und waren zugleich doch der Überzeugung, daß es ihnen besser gehe als uns. Die Mieten, Brot und Nebenkosten wären bei uns so hoch. Sie waren offenbar sehr stolz auf ihr Vaterland.

Am nächsten Tag fuhren wir mit dem Bus in den tiefen Kaukasus hinein zu den Teeplantagen und zu Reisfeldern, die mit Teesträuchern bepflanzt waren. Wir hielten bei einer russischen Familie an, wo wir aus dem Samowar den grünen Tee probieren durften. Wir fuhren weiter in dieser bezaubernden Landschaft, die so schön und friedlich wirkte.

Nach einer hochinteressanten Woche wollten wir vom Flughafen Sotschi über Moskau nach Frankfurt zurückfliegen. Am Flughafen mußten wir aber hören, daß die Maschine nach Moskau einige Stunden Verspätung haben würde. Anstatt um 15 Uhr abzufliegen, saßen wir um 24 Uhr immer noch in der Wartehalle.

Da keine Rubel aus Rußland ausgeführt werden durften, hatten wir unser russisches Geld ausgegeben. Nun saßen wir da ohne Bargeld. Deswegen tauschten wir unsere Kugelschreiber, Feuerzeuge, Kaugummis und die Frauen ihre Strumpfhosen gegen Wodka und Süßigkeiten. Es war sehr lustig.

Eine Stunde nach Mitternacht wurden wir endlich aufgerufen und durften an Bord einer neuen Linienmaschine gehen. In eineinhalb Stunden waren wir in Moskau. Als wir so verspätet wieder im Intorist Hotel ankamen, hatte man uns schon abgeschrieben. Nach langem Hin und Her bekamen wir Zimmerschlüssel. Als wir - natürlich wieder registriert - unser Zimmer betraten, staunten wir nicht schlecht. Wir betraten eine Nobel Suite, in der einen Monat vorher unser damaliger Bundeskanzler Helmut Schmidt gewohnt hatte.

Am nächsten Tag gelangten wir , wieder mit Maschinengewehrbegleitung, zum Flugplatz und traten unseren Heimflug nach Deutschland an. Nach drei Stunden kamen wir glücklich und um viele Erfahrungen reicher in Frankfurt an.

New York - Florida – Rundreise
1060 Treppenstufen zur 102. Etage

Nach einem 8 - Stunden - Flug mit einer Condormaschine landeten wir auf dem Kennedy - Airport in New York. Bevor wir unsere 14 - tägige Florida - Busrundreise antraten, nahmen wir die gigantische Stadt, die größte der USA mit 16,6 Millionen Einwohnern, in unser Bewußtsein auf. Ein Deutscher in holländischen Diensten, nämlich Peter Minnewit aus Wesel, hatte 1626 einen der heutigen fünf Verwaltungsbezirke, die Insel Manhattan, von den Manhatto - Indianer für ganze 24 Dollar gekauft. Während der Stadtrundfahrt fuhren wir am Times Square vorbei zum Washington Square, es ging weiter zum Greenwich Village, am Yankee Stadion, wo damals Franz Beckenbauer bei Cosmos New York Fußball spielte, am Stammhaus von Woolworth und der St. Patricks Kathedrale vorbei zum Hafen, wo wir den Bus verließen, um auf eigene Faust New York zu entdecken. Während wir die U- Bahn benutzten um zurück zum Zentrum zu fahren, sahen wir im Zugwagen höchst verdächtige Gestalten, Jugendliche in Leder gekleidet und mit Blicken, die einem Angst machten. Uns wurde ganz mulmig zumute. Wir verließen die U- Bahn deshalb früher als vorgesehen, um zu Fuß weiterzugehen. Später bestätigte man uns, daß es sehr gefährlich sei, allein die U – Bahn zu benutzen.

Wir machten eine kleine Pause und tranken einen Kaffee. Wir beobachteten alte Leute, die die Abfalleimer nach Eßbarem durchsuchten, denn in diesem „gelobtem Land“ kaufen Rentner Hunde - und Katzenfutter, weil es billiger ist. Unsere Schritte wurden wie von selbst immer schneller, bis wir endlich zum Hotel Waldorf Astoria kamen. Am Abend besuchten wir dort eine Flamenco - Show. Die Fifth Avenue, die bekannteste Geschäftsstraße New Yorks. Sie trennt Manhattan in die beiden Hälften West - und Eastside.

Hier hatten wir das Gefühl, von den riesigen Wolkenkratzern erdrückt zu werden.

Wir kamen zum goldverzierten Rockefeller Center, einem beliebten Treffpunkt, der täglich von zweihunderttausend Menschen besucht wird. Weiter die Fifth Avenue entlang, wo auch Jacky Kennedy - Onassis eine Wohnung besaß, zum Central Park. Am Tage konnte man mit Pferdekutschen durch diesen riesigen Park fahren, aber abends war es hier lebensgefährlich, und es wurde vor Überfällen und Vergewaltigungen gewarnt.

Man riet uns auch, den Ortskern des vor allem von dunkelhäutigen bewohnten Harlem nicht alleine zu Fuß zu erkunden, sondern nur im Bus durchzufahren, Harlem war bekannt für Raubmorde und Messerstechereien. Es gab tatsächlich eine Menge undurchsichtiger Typen, die einem das Fürchten lehrten. Da uns zwei Tage zur freien Verfügung standen, konnten wir die Weltstadt, die sicher viele ihrer Besucher verwirrt und manchmal sogar verängstigt, von vielen Seiten kennenlernen und bewundern.

Am nächsten Morgen fuhren wir nach Manhattan zum Empire State Building, 1977 mit 448 Metern noch der höchste Fernsehturm der Welt. Am Abend hatten wir von der 102. Etage einen wundervollen Blick auf die hell und grell beleuchteten Straßenschluchten der Stadt. Man erklärte uns, daß man von hier den Regen und Schnee aufwärts fallen sehen könne und der Regen sei manchmal rot. 73 Fahrstühle fuhren mit einer Geschwindigkeit von 180 bis

360 Meter pro Minute durch Schächte von insgesamt 11 Kilometern Länge. Die 6.500 Fenster des Gebäudes wurden zweimal im Monat geputzt. Gewaltige Klimaanlagen wälzten die Luft sechsmal in der Stunde um. Natürlich benutzten wir lieber den Fahrstuhl, als die 1.860 Treppenstufen zu laufen, um von der 102. Etage wieder im Erdgeschoß zu sein. Hier befindet sich eine eigene Geschäftsstadt, die wir uns ausgiebig ansahen. Zwei Etagen unter der Erde lag 17 Meter tief das Fundament.

Es war ungeheuer beeindruckend, so etwas haben wir bis heute nie wieder gesehen. Dann besichtigten wir das größte Bürogebäude der Welt, das World Trade Center, Wahrzeichen des Welthandels, in dem über fünfzigtausend Menschen arbeiteten. Wir wollten mit dem Fahrstuhl die Plattform erreichen, da wir aber einen falschen Fahrstuhl benutzten, waren wir plötzlich in einem Großraumbüro. Freundlich und hilfsbereit - wie die allermeisten Amerikaner den Fremden gegenüber sind - zeigten uns die Angestellten den richtigen Fahrstuhl, mit dem wir die Plattform erreichten. Wieder eine faszinierende Aussicht, auch auf die Freiheitsstatue, die „Liberty“, das Sinnbild der Freiheit das Frankreich 1886 den USA schenkte. Mit einer Fähre fuhren wir zur Insel hinüber, auf der die Freiheitsstatue steht, und bestiegen die Liberty bis in die Krone. Von hier hatten wir einen traumhaften Ausblick auf Manhattan und die Schiffseinfahrt, die früher von den Einwanderern das „Tor zur Welt“ genannt wurde. Vor einiger Zeit konnte man noch bis in die Fackel steigen.

Während wir auf der Rückfahrt von der Fähre aus noch einmal die faszinierende Skyline von Manhattan bewunderten, den Kern des „Big Apple = großen Apfels“, wie die

New Yorker die Skyline nennen, verabschiedeten wir uns von dieser berühmten großen Stadt, die einen mit Haut und Haaren verschlingen kann, wie wir am Abend an der Hotelbar noch lange feststellten.

Am nächsten Tag bereiteten wir uns auf die Florida - Rundreise vor. Unsere erste Station war Philadelphia, wo sich auch unser Reiseleiter Ron, ein Israeli, vorstellte, um uns auf unserer Rundreise durch Florida zu begleiten. Er machte anfangs einen netten Eindruck, konnte auch sehr interessantes berichten, so über die berühmte Freiheitsglocke mit dem Riß. Sie läutete als erste die Unabhängikeit der Vereinigten Staaten ein, und genau dabei entstand der Riß. Wir besichtigten den Independence - „Saal, wo die amerikanische Unabhängigkeitsurkunde unterschrieben wurde. Schreibset, Tinte und Feder standen noch auf dem Schreibpult. Philadelphia ist auch die Geburtsstadt von Grace Kelly, der späteren Fürstin Gracia Patricia von Monaco. Nach der Stadtbesichtigung brachte man uns ins Hotel Ramada Inn. Wir verbrachten hier mit unserer Gruppe einen gemütlichen Abend.

Am Morgen setzten wir unsere Reise nach Washington fort, wo uns unser Bus ins exklusive Hilton Hotel brachte, das wir zwei Nächte bewohnen sollten. Es war der 15. August 1977. Das Datum bleibt mir in Erinnerung, denn am nächsten Morgen beim Frühstück lasen wir es in der Zeitung: „Elvis Presley has died at Memphis, Tennessee. - Elvis Presley ist in Memphis, Tennessee, gestorben.“ - Da ich ein sehr großer Elvis- Fan war und noch bin, traf mich die Nachricht schwer. So werde ich immer am 16. August, dem Todestag von Elvis Presley, daran erinnert, daß wir an diesem Tag im Hilton in Washington gewohnt haben.

Die Freiheitsstatue in New York

Washington ist eine faszinierende Stadt. Wir besichtigten und bestaunten das Weiße Haus, den Amts - und Wohnsitz des amerikanischen Präsidenten, damals Jimmy Carter. Das Arbeitszimmer, das „Oval Office“, mit dem großen Schreibtisch von J. F. Kennedy, den riesigen Park, in dem wir Eichhörnchen und allerlei Vogelarten füttern konnten. Dann besichtigten wir das Capitol mit der großen Bibliothek, den großen Lesesaal der Liberty of Congress, in dem die Gutenberg -Bibel zu sehen ist, das Jefferson Memorial, das Washington Monument, ein 169 Meter hoher Obelisk. Mit einem Aufzug fuhren wir in 152 Meter Höhe, von wo aus wir die große faszinierende Stadt mit ihren schneeweißen Gebäuden in unser Bewußtsein aufnehmen konnten.

Wieder unten angekommen, fuhren wir am **FBI** - Gebäude vorbei zum Smithonian Institut, dem größten Museum der Welt, und von dort zum Arlington Nationalfriedhof. Hier besuchten wir die Grabstätte J. F. Kennedy, ein großes Marmorgrab mit einer riesigen Mahnmauer. In der Nähe ist Robert Kennedy begraben, sehr einfach, eine Platte mit künstlichen Blumen, wie alle Gräber in Amerika. Während wir zum Ausgang gingen, kam uns eine Reiterschar entgegen. An einem Pferd ohne Reiter hingen Stiefel, deren Spitzen nach hinten zeigten. Es war das Pferd eines verstorbenen Offiziers, dahinter ritten die anderen Offiziere. Eine sehr eingenartige Beerdigung.

Nach dieser beeindruckenden Stadtrundfahrt wollten wir im Zentrum den Bus verlassen, um wieder auf eigene Faust diese aufregende Stadt kennenzulernen. Doch unser Reiseleiter Ron nahm uns unsere Absicht wohl persöhnlich übel. Aber wir waren ja kein Kindergarten. Wir gingen auch noch einmal in den Garten des Weißen Hauses. Da wir nur zu zweit waren, durften wir kurz ein Photo machen. Nach einem sehr interessanten Nachmittag kamen wir abends glücklich im Hotel an, wo wir noch eine Show besuchten.

Tags darauf übernachteten wir in Richmond, wo wir zum ersten Male den entsetzlichen Rassenhaß zwischen Weiß und Schwarz zu spüren bekamen. Unser Bus brachte uns zum Hotel Holiday Inn, wo abends eine Country Show angesagt war. Wir erlebten eine großartige Veranstaltung. Anschließend suchten wir unser Zimmer auf und gingen noch einmal auf den Balkon. Unter uns eine brodelnde Menge von Schwarzen. Sie strömten in großen Scharen an unserem Hotel vorbei, wir dachten es gebe kein Ende. Es war ein Protestzug gegen die Weißen. Uns wurde dringend geraten, nicht unter sechs Personen und nur gemeinsam das Hotel zu verlassen, denn die Lage draußen sei sehr gefährlich. Wir zwei versuchten es trotzdem, kamen aber nur ein paar Schritte weit. Drei Schwarze bespuckten uns und machten Anstalten, handgreiflich zu werden.

Wir wollten nun aber genau wissen, was das zu bedeuten hatte.

Als wir die Gründe an der Rezeption erfuhren, konnten wir die Schwarzen verstehen. Sie wurden noch immer von den Weißen als Sklaven angesehen. Die Schwarzen hausten in Gettos in entsetzlichen Bretterbuden. Die Weißen wohnten in sehr schönen Häusern und Prachtvillen. Das mußte natürlich auf Dauer großen Haß auslösen. Die Schwarzen waren von den Weißen einstmal als Sklaven nach Amerika geholt worden und wurden noch immer, bis in dieses Jahr 1977, so behandelt. Warum das so war, diese Frage blieb aber letztlich ohne Antwort.

Nach diesem großen Schock fuhren wir weiter über Norfolk nach Williamsburg. Eine Museumsstadt,"die größte der Welt",die uns ins 18. Jahrhundert zurückversetzte. Wie damals fuhren die Leute in Pferdekutschen in Rokoko - Kostümen mit Perücken auf dem Kopf. Männer als Diener mit Livree. Originalgetreue Handwerkerbetriebe, Bäcker, Schmidt, Schuster, Weber, alle arbeiteten noch wie früher. Wir waren fasziniert, ausgerechnet in einem nicht einmal 200 Jahre alten Land Zeugnisse unserer eigenen europäischen Zivilisation von vor 200 Jahren zu sehen. *„Die, der das Größte, Beste, Schönste.....der Welt!"* nach mehrfachen Wiederholungen auf den verschiedensten Gebieten wird der Fremde diese amerikanische Art der Übertreibung, die wohl von der Dauerberieselung durch Fernsehreklame geprägt ist, bald nicht mehr wortwörtlich nehmen. Da wir beide uns wieder von der Reisegruppe abgesondert hatten, was unserem Reiseleiter erneut mißfiel, konnten wir auch nicht für vier Dollar - damals sieben Mark – eine Stange Zigaretten kaufen. Dafür sahen wir im Alleingang weitaus mehr als unsere Reisegruppe. So die Außenbezirke, in denen das Alltagsleben pulsierte. Und wieder dieser entsetzliche Rassenhaß. Dabei sahen wir mit eigenen Augen, wie die Schwarzen fleißig ihre Arbeit verrichteten.

Auf unserer Weiterfahrt nach Charleston, wo uns weiter der Rassenhaß verfolgte, und Jacksonville konnte ich mir das Leben wie es die Fernsehserie „Roots" später darstellte, recht gut vorstellen. Sicher ist es heute nicht mehr so, wie der Film es zeigte. Da wir nur Autobahn fuhren, wurde die Fahrt langweilig. Wir fuhren immerhin in 14 Tagen 4.000 Kilometer. Dabei fanden sich im Bus Skatspielergruppen zusammen, die für eine gewisse Unterhaltung sorgten.

Wir kamen nach Orlando, wo wir wieder im Hotel Ramada Inn übernachteten. Am nächsten Morgen fuhren wir nach Cap Canaveral. Es war für uns ein einmaliges Erlebnis. Im J. F. Kennedy Space Center, dem „Weltraumbahnhof", wie ihn die Amerikaner nannten, konnten wir echtes Mondgestein und jede Menge Raumfahrtfilme sehen. Mit staunenden Augen steht man in einem Vorführraum vor der überdimensionalen Kinowand mit Super - Lautsprechern und begleitet die Astronauten hautnah bei ihren Spaziergängen auf dem Mond und Expeditionen im All. Wir waren sehr beeindruckt. Von dort aus war Nail Armstrong mit seiner Besatzung zum Mond gestartet und hatte dabei am 20. Juli 1969 als erster Mensch die Mondoberfläsche betreten.

Wir fuhren mit dem Besucherbus lange Strecken durch Sümpfe, worin eine Vielzahl von Alligatoren lebten, an der Abschußrampe vorbei zur 160 Meter hohen Montagehalle für die Raketen. Das Gabäude besitzt - und das wird diesmal wohl stimmen - den größten Innenflächenraum der Welt. Leider durften wir das Gebäude nicht betreten, weil die Forschungsarbeiten selbstverständlich hinter verschlossenen Türen stattfanden. Eine Woche früher hätten wir einen Apollo - Start miterleben können. Die Apollo - Rakete lag, in Originalgröße nachgebaut, auf dem Gelände. Der Panzerwagen, der die Rakete zum Start brachte, hatte die Größe eines Fußballfeldes.

Mini- und Mickey-Maus im Disney-Land in Orlando/Florida

Am nächsten Morgen besuchten wir die Walt Disney World, eine eigene Welt, in der Erwachsene wieder zu Kindern werden können. Während die Disney-Bahn uns ins Vergnügungszentrum brachte, fuhr sie zu unserer Verblüffung mitten ins Hotel und hielt genau zwischen den Tischen, an denen die Hotelgäste gerade ihr Frühstück einnahmen. Was für uns unvorstellbar war, war für Hotelgäste offensichtlich normal. Es war eine Welt, die fast unglaublich war, wenn wir sie nicht selbst erlebt hätten. Unser Rundgang begann bei der „Hall of Präsident“. Alle Präsidenten der Vereinigten Staaten begrüßten uns sozusagen persönlich, jeder hielt eine Ansprache über seine Zeit. Mund, Hände, Augen und der ganze Körper mit seinen natürlichen Bewegungen wirkten lebensecht. Anschließend gingen wir durch die Westernstadt, wo uns ein Papagei mit Holzbein begrüßte. Weiter zum Schloß, wo wir uns die Disney- Parade ansahen. Micky Mouse, Goofy, Vater Bär und Pinoccio kamen in einem Volkswagen angefahren, Schneewitschen mit den sieben Zwergen und viele andere Figuren aus Märchen und Filmen. Wir wurden wirklich in unsere Kindheit zurückversetzt. Während wir uns dem Ausgang näherten, erlebten wir noch eine U-Boot - Fahrt, wir meinten tatsächlich, wir befänden uns mitten im Atlantik. Nach dem auch anstrengenden , aber vor allem amüsanten Besuch brachte uns unser Bus zurück ins Hotel.

1977 war Disney World für uns ein einmaliges Erlebnis, inzwischen ist vieles davon in Brühl und Paris nachgebaut worden.

Am nächsten Morgen setzten wir unsere Reise nach Miami fort, wo wir vier Tage zur Erholung hatten, und zwar im Hotel Ivanhoe, einem der wenigen Hotels direkt am Meer, einem sehr schönen Mittelklassehotel. Wir erlebten die Stadt noch als ruhigen Ort. Wir unternahmen einen Ausflug zu den Flipper Delphinen und Killerwalen, die die Stars der zahlreichen Ozeanarien waren. Mehrmals täglich traten sie in den Wasserstadien auf, posierten, unterhielten sich mit ihrem Trainer und sprangen auf Kommando meterhoch aus dem Wasser. Da wir das Miami, wo auch unsere Rundreise endete, von 1977 in sehr guter Erinnerung hatten, besuchten wir die Stadt 1992 wieder.

14 Jahre später hatte sich fast alles und teilweise völlig geändert. Das sich am Strand nun Hotel an Hotel reihte, die einstige Strandidylle verloren gegangen war und das wir unser Hotel Ivanhoe nicht mehr wiederfanden, war dabei nebensächlich. Aber das Miami und Fort Lauderdale zu Verbrecherhochburgen verkommen waren, war unbegreiflich. Unvorstellbarer Reichtum und Luxus wechselten mit bitterer Armut und Verbrechen. 1992 sollten wir das Zentrum bei Dunkelheit unbedingt meiden, deswegen besuchten wir Miami City am Morgen. Wir folgten zunächst einfach einem Schild „Police Museum“. Was zunächst für uns nichtssagend war, entpuppte sich als äußerst interessant. Während wir die Waffen und Gewehre von Al Capone, Bonny und Clyde, von Massenmördern und den schwersten Verbrechern Amerikas mit leichtem Gruseln betrachteten, kamen wir an einem Computerbildschirm vorbei, auf dem um 11 Uhr morgens der 27. Mord registriert wurde, die Anzahl der Vergewaltigungen und Raubmorde gingen über 1000.

Wie zum Beweis dieser Schreckensstatistik erlebten wir „Miami live“. Bei einem Spaziergang durchs Zentrum stoppte plötzlich die Polizei ganz in unserer Nähe, schnappte einen jungen Mann, dessen Arme wurden nach hinten auf das Polizeiauto gestreckt, und - so schnell konnten wir das gar nicht begreifen - schon waren ihm Handschellen angelegt. Ab auf dem Rücksitz ! Oben am Autodach war wohl ein Haken, denn die Arme des Mannes wurden dort befestigt, und schon rauschten sie weg. Polizeiautos mit Handschellen am Autodach und Kriminellen sollten wir noch öfter sehen.

Wir buchten eine Busreise nach Key West. Unsere Fahrt ging zunächst in Palm Beach an sehr luxuriösen Hotels vorbei in die Wohngegend, wo die Superreichen ihren Ruhesitz hatten. Prachtvolle Villen mit „manikürten" Gärten säumten die ruhigen Wohnstraßen, an der feudalen Worth Avenue glitten die Rolls Royce an den Boutiquen der weltbesten und teuersten Designer vorüber.

Die Fahrt ging zu den weiten Sümpfen der Everglades, die die Indianer Pa-hay-okee, „fließendes Gras" , nennen. Von einem Motorboot aus sahen wir unter anderem Alligatoren, Krokodile und Schlangen. In einem Indianer- Reservat erleben wir, wie die Indianer lebten und hier - für uns Touristen sichtbar - noch leben, ihre einfache Großküche für alle, in der für das ganze Reservat gekocht wurde.

Von den Everglades fuhren wir auf dem Highway Nummer 1 über die fast 100 Kilometer lange Inselkette, die untereinander durch 42 Brücken die letzte der Inseln, nämlich Key West, mit dem Kontinent verbindet. In dem stets rappelvollen Touristenort, der übrigens nur 90 Meilen von Kuba entfernt liegt, herrschte eine übermütige Karibik-Atmosphäre. Das Haus von Ernest Hemingway steht heute als amerikanisches Kulturdenkmal unter dem besonderen Schutz des Staates. Hier hatte er seinen Roman „Der alte

Mann und das Meer“ verfaßt. In seinem Stammlokal „ Sloppy Joe`s genossen wir einen guten Schluck Bier. Zum Abschluß erlebten wir die tägliche Sonnenuntergangs - Party im Hafen. Mehrere Bands spielten auf den Piers heiße Rhythmen, während die Sonne blutrot unterging.

Spät in der Nacht waren wir wieder in Miami zurück. Am nächsten Morgen unternahmen wir eine Schiffstour, die uns an den Traumvillen von Julio Iglesia Diana Ross , den Kennedys und vielen anderen „ Stars“, unter anderem auch Al Capone, vorbeifuhr. Die wunderschöne Villa Vizcaya hatte sich ein spleeniger Millionär gebaut, ganz nach europäischem Vorbild.

An diesem Tage führten Models einer Modeagentur herrliche Brautmode vor, sie standen zwischen blühenden Blumen und sahen sehr schön aus.

Dagegen „Miami live“. Die Imbisse und Supermärkte hatten oft 24 Stunden geöffnet. In einem Mac Donald – Restaurant sahen wir drei ältere Frauen, die sich eine Portion Fritten teilen mußten. Die USA zeigten sich uns als ein Land, in dem es nur Arm oder Reich gab, die Mittelschicht existierte offenbar nicht.

Wir flogen wieder mit einigen unerwarteten Erfahrungen und Einsichten nach Hause zurück.

Bahamas – Jamaika
Zimmergenossenschaft mit Geckos

Im Sommer 1978 flog uns die LTU nonstop in 11 Stunden nach Nassau auf die Bahamas, wo wir in einem sehr schönen Hotel direkt am Jachthafen die ersten drei Tage verbrachten. Das feuchtheiße Tropenklima machte uns anfangs sehr zu schaffen.

Am nächsten Morgen brachte uns ein Taxi nach Nassau City. Eine Pferdekutsche fuhr uns quer durchs Zentrum zum Rathaus. Wir spürten förmlich den fröhlich- hektischen Pulsschlag des Lebens und Treibens in dieser Stadt. Wir sahen sehr feudale Wohnhäuser und herrliche Prachtbauten. Am weltbekannten Strohmarkt verkauften die Marktleute Hüte, Taschen und was immer man aus Stroh herstellen kann. Besonders fielen uns kunsthandwerklich begabte schwarze Einwohner auf, die Indianer - und dunkle Figuren schnitzten. Wir ließen uns in unserem Beisein aus einem Baumstamm einen Menschenkopf schnitzen, der jetzt bei uns in der Wohnung seinen Platz hat. Im Hafen liefen die großen Kreuzfahrtschiffe ein, feudale Segelschiffe und Yachten legten an und starteten. Hier steht auch die Traditionstruppen in ihren weißen Uniformen aus der Kolonialzeit für die Inselbewohner zur Verfügung. Für uns eine ganz andere, bunte und aufregende Welt.

Nach diesem First-Class-Aufenthalt flogen wir am dritten Tag, Flugzeit 1 Stunde, nach Montego Bay auf Jameika. Während des Fluges saß ich neben einer dunkelhäutigen Jamaikanerin. Plötzlich ein heftiges Poltern, die Getränkewagen fuhren von allein los, den Stewardessen standen Ohnmacht und Verzweiflung in den Gesichtern. Unser erster Gedanke: wir stürzen ab! Die Jamaikanerin neben mir wurde grau-weiß im Gesicht und wir sehr, sehr weiß. Doch das Flugzeug fing sich auf einmal wieder. Der Kapitän informierte uns, daß ein Blitz ins Flugzeug eingeschlagen hatte. Weil er das Gewitter nicht so schnell umfliegen konnte, entschuldigte er sich bei uns mit einer Runde Rum. Ich trinke nicht gerne Hochprozentiges, aber diesen Rum kippte ich erleichtert und mit Genuß sofort hinunter. Unser Schock löste sich allmählich, und alle waren sicher glücklich, als die Maschine in Montego Bay heil landete.

Wir kamen in einem schlichten Hotel unter, das aber eine exzellente Schweizer Küche bot, die uns sehr verwöhnte. Eine tolle Calypso Band sorgte für gute Stimmung, und jeder von uns sah wohl im Geiste Harry Belafonte vor sich, der bekanntlich auf Jamaika geboren ist. Am Abend lernten wir ein sehr angenehmes Ehepaar und einen Junggesellen an unserem Tisch kennen und blieben bis zum Abschluß dieser Reise eine nette Clique. Als wir unser einfaches Hotelzimmer aufsuchten und zu Bett gehen wollten, hatten sich schon einige unerwartete Bewohner niedergelassen: die Geckos, kleine Salamander. Entsetzt rannten wir zur Rezeption. Man beruhigte uns, wir sollten uns einfach an die Tiere gewöhnen. Außerdem sollten wir ganz froh über unsere Mitbewohner sein, weil sie das Ungeziefer fernhielten, was für uns sehr schädlich sein könnte. Trotzdem holte ich alle Decken aus den Schränken, um die Türen und

Fenster abzudichten. Jürgen wollte aber hier nicht bleiben, sondern auf dem Sofa auf dem Balkon schlafen. Als er die Decke hochschlug, begrüßten ihn draußen aber gleich drei Geckos. Entsetzt kam er ins Zimmer zurück und versuchte verzweifelt und vergeblich, unsere unerwünschten Zimmergenossen fernzuhalten.

Am nächsten Morgen beim Frühstück im Palmengarten liefen die Geckos die Bäume rauf und runter, beim Abendessen das gleiche, und so gewöhnten wir uns bald an die Tiere. Wir akzeptierten sie nachher als einen Teil des Hotelpersonals.

Zum Hotel gehörte ein separater Strand mit weißem Sand und himmelblauem Meer. Dort beobachteten wir, daß junge Jamaikanerinnen alleinstehende Männer eincremten und dann mit ihnen in Richtung Hotel verschwanden.

Der Junggeselle unserer Gruppe wollte von dem Angebot allerdings keinen Gebrauch machen. Dennoch fand er Abends auf seinem Zimmer eine junge Dame vor, die auf ihn wartete. Dreimal wechselte er das Zimmer, doch immer wieder erwachtete ihn eine neue Schöne. Er beschwerte sich an der Rezeption, wo man ihn achselzuckend aufklärte, daß die Mädchen die Zimmernummern der alleinreisenden Männern erfragten. Während er mit den Damen zu kämpfen hatte, kämpften wir mit den Geckos, die mit uns wieder die Nacht verbrachten.

Unser erster Ausflug ging zu den Dun River Wasserfällen. Als erstes besichtigten wir ein altes Piratennest an einem Kliff. Am Geburtshaus von Harry Belafonte ging es vorbei zu einer Alligatorenfarm. Hier wurden Aufnahmen für einen James - Bond - Film gemacht, dabei spazierte der unerschrockene Leinwandheld auf den Rücken mehrerer Artgenossen aus dieser gefährlichen Krokodilsfamilie von einer Insel an Land. Wir beobachteten, wie die kleinen Aligatoren gefüttert wurden. Die großen lagen zunächst träge herum, was sich aber bei der Fütterung rasch änderte.

Die Alligatoren konnten plötzlich unvorstellbar schnell auf die Fleischstücke zuwatscheln und wir mindestens genauso schnell vor ihnen weg!

Weiter ging die Fahrt, und wir erreichten die Wasserfälle, die man unter Anleitung von Führern erklettern konnte. Am Abend an der Bar in unserem Hotel mixte uns der Barkeeper einen Jamaika - Cocktail, der uns regelrecht umhaute. Immerhin freundeten wir uns dank dessen noch besser mit unseren Zimmerbewohnern, den Geckos, an.

Am Morgen spazierten wir ins Zentrum. Plötzlich überfiel uns ein heftiger Regenschauer . Wir flüchteten in eine Bar, die sich oben in einem Baum befand. Ein starkes Gewitter setzte ein. Der Barkeeper merkte, daß ich sehr ängstlich war. Deshalb drehte er seine Musikbox so laut auf, daß die Musik jedes Regenprasseln und der Hit der Bee Gees „ A Saturday Night Fever“ jeden Donner übertönte.

Zusammen mit Cuba Libre beruhigte mich die laute Musik höchst erfolgreich, und nach einer halben Stunde war das Unwetter vorbei.

Auf dem Rückweg zum Hotel kam uns eine Frau mit ihrem Baby entgegen. Sie blieb bei uns stehen, wir bewunderten und streichelten das süße Kind. Die Mutter bot uns ihr Baby zum Kauf an, weil Mädchen in diesem Lande keinen Wert haben, weil nur Jungen Geld verdienen können. Ich war sofort voller Mitleid und wollte das Baby unbedingt haben. Doch natürlich waren die zu erwarteten Schwierigkeiten viel zu groß. Trotzdem denke ich heute noch oft an dieses süße Mädchen, sie wird inzwischen 16 Jahre alt sein. Was wird wohl aus ihr geworden sein?

Am nächsten Tag unternahmen wir einen Ausflug mit dem Zug, begleitet von einer Calypso Band und vielen

Kindern, die ihre geschnitzten Sachen verkaufen wollten. Bei einem Stop boten Frauen bunte Stoffe an und nahmen gleich Maß.

Die Fahrt ging weiter, vorbei an einer traumhaften Landschaft, aber sehr einfachen Holzhütten der Inselbewohner. Einfache Holzbänke und eine Tafel im Freien war die Schule, wo eine Lehrerin Kindern jeden Alters Unterricht erteilte.

Weiter an Zuckerfeldern vorbei, der Haupteinnahmequelle des Landes und seiner Einwohner. Die Fahrt endete an einer Zuckerrohrplantage mit Rumfabrik. Nachdem diverse Rumsorten durchprobiert waren, hatten wir die richtige Grundlage für eine lustige Rückfahrt.

Wir hielten wieder an der gleichen Stelle an, wo uns schon die Frauen mit den fertiggenähten Kleidern und Hemden erwarteten. Einige von uns kauften aus Barmherzigkeit, denn die Sachen waren beim besten Willen nicht zu tragen. Es war wieder einmal ein interessantes Ereignis.

Nach sieben Tagen Jamaika brachte uns ein Bus zum Flughafen, wo unser dreitägiger Trip nach Haiti starrten sollte. Während wir uns hinter einer Jamaikanerin mit rosa Lockenwicklern im Haar anstellten, um unser Gepäck abfertigen zu lassen,

wurde uns mitgeteilt, daß wegen eines Streiks keine Flüge mehr stattfinden würden. Wir waren sehr enttäuscht. Ich hatte nur wegen Haiti meine Erstimpfung gegen schwarze Pocken mitmachen müssen, wonach ich wochenlang einen offen Arm hatte. Wir telefonierten mit unserem Reiseleiter, um ihn über unsere unglückliche Lage zu informieren. Er sagte uns, wir sollten mit dem Taxi ins Hotel Half Moon fahren, wo er sich mit uns in Verbindung setzen würde. In dem sehr exklusiven Hotel fand gerade an diesem Abend eine Sommernachtsparty statt mit einem First Class Buffet, für das uns unser Reiseleiter bereits angemeldet hatte. Plötzlich überkam mich eine schlimme Magen - Darm - Infektion, vielleicht auch durch die Aufregung und Enttäuschung dieses Tages verursacht. So konnte ich der Party nur kurz mit Kamillentee und Zwieback beiwohnen.

Am Morgen hatten wir ein Treffen mit unserem Reiseleiter, der uns anbot: 1. entweder weiter Urlaub in diesem feudalen Hotel - oder 2. zurück nach Montego Bay in unser Hotel mit den inzwischen vertrauten Geckos. Wir entschieden uns für die Geckos. Als Ersatz für die ausgefallene Haiti -Tour wurde eine Tagestour mit einem kleinen Flugzeug von Montego Bay nach Kingston Town und eine Stadtrundfahrt mit einem Taxi angeboten. Während uns das Flugzeug mit acht Passagieren an Bord über eine atemberaubende Landschaft nach Kingston flog, sah ich plötzlich, daß der Pilot nicht mehr steuerte, sondern eine Karte studierte. Ich geriet in Panik. Ich wurde aber aufgeklärt, daß der Pilot einen Autopilot eingestellt hatte. Ich beruhigte mich schnell wieder.

Wir trauten unseren Augen nicht. Mit dem Schild der Reiseleitung erwartete uns ein Oldtimer Opel mit einem stilgerecht gekleideten Chauffeur, der uns den ganzen Tag zur Verfügung stand. Kingston ist eine sehr interessante Stadt mit vielen Sehenswürdigkeiten, aber auch mit einem großen Slumviertel.

Unser Fahrer warnte uns, wir sollten uns die Elendsquartiere nicht ansehen, weil es zu gefährlich sei.

Am Abend dieses ereignisvollen Tages brachte uns eine kleine Maschine mit zwei Piloten nach Montego Bay zurück. Der junge Mann startete. Plötzlich rüttelten wieder Gewitterwolken am Flugzeug. Der Pilot hatte Schwierigkeiten, die Maschine hoch zu bekommen. Schon kam bei mir die Angst auf, daß er vielleicht zu unerfahren sei. Immerhin flog er uns ohne Autopiloten durch schwere Unwetter schwankend nach Montego Bay zurück.

Nach diesem aufregenden Flug und einer glücklichen Landung erlebten wir noch einen schönen Abschiedsabend. In der letzten Nacht verabschiedeten wir uns von unseren Zimmerbewohnern, den Geckos, mit denen wir uns tatsächlich angefreundet hatten.

Am nächsten Morgen traten wir unseren Heimflug an, zunächst von Montego Bay nach Nassau auf den Bahamas. Wir mußten uns einer besonders strengen Gepäckkontrolle wegen Rauschgifts unterziehen. Ich fürchtete schon um meinen geschnitzten Menschenkopf, daß man ihn vielleicht durchbohren könnte. Ich dachte auch an das kleine Mädchen, das ich unbedingt kaufen wollte, um ihm eine sichere Zukunft zu bereiten. Doch bei dieser strengen Kontrolle wurde mir klar, daß sie uns bestimmt wegen Kindesentführung in den Knast gesteckt hätten.

Von Nassau aus ging es nonstop nach Deutschland zurück.

Kalifornien Rundreise
„ Americas Most Fascinating City "

Nach 16 Stunden brachte uns die Condor mit Zwischenlandung in Minneapolis, wo wir zwei Stunden Aufenthalt hatten, nach San Francisco. Wir landeten an einem frühen Morgen im August 1979. Während uns ein Bus zu unserem Hotel brachte, wo wir uns eigentlich von unserem Reisestreß erholen wollten, verflog unsere Müdigkeit beim Anblick dieser großartigen , aufregenden und riesigen Stadt. Nach einer kurzen Erfrischung im Hotel machten wir uns sofort zu unserem ersten Rundgang auf.

San Francisco Downtown, „ Americas Most Fascinating City", war für uns so beeindruckend und einzigartig, daß wir die Stadt bis zum kleinsten Zipfel erkunden wollten. Während wir durch die Innenstadt an den zahlreichen faszinierenden Künstlerständen vorbei zur Cable Car wanderten , die jede Menge Menschen die Powell und Market Street ständig rauf und runter beförderte, auch Trittbrettfahrer. Natürlich fuhren wir mit diesem einzigartigen Verkehrsmittel bis zum Stadtviertel Chinatown.

Während wir zum Hotel zurückschlenderten, kamen wir an Restaurants der endlos vielen Fast - Food - Ketten vorbei , wie Mac Donald, Mac Chicken und Burger King. Dieses „Schnell - Essen", möglichst im Stehen und Gehen, hatte vor allem deshalb soviel Zuspruch, weil ein Restaurantessen für zwei Personen nicht unter 100 DM zu bekommen war. So ernährten wir uns genauso wie die Amerikaner, und das bedeutet: 14 Tage immer das gleiche. Sehr gut war das Frühstück, für 10 Dollar bekamen wir Spiegeleier, Speck, nach Wahl Fritten, Brötchen, Bratkartoffeln und Sandwiches. Aber die Kehrseite dieser Art schnellen und vor allem fetten Essens war deutlich im Straßenbild sichtbar : Noch nie sahen wir so viele dicke Menschen wie in Amerika.

Am nächsten Morgen startete unsere Busreise durch San Francisco. Die erste Station ist die weltberühmte Golden - Gate - Bridge, die allerdings die meisten Tage des Jahres von dichten Nebelfeldern verhüllt ist. Wir hatten Glück und konnten sie ziemlich klar sehen. Man sagte uns, diese Riesenbrücke sei nicht nur ein großer Anziehungspunkt für die ‚Touristen, sondern leider auch ein Magnet für zahlreiche Selbstmörder , die ihr Leben mit einem Sprung ins Wasser beendeten. Auf dem Weg zu Fischerman“s Wharf, vorbei an gewaltigen Wolkenkratzern, wo man uns auf die auf jeder Etage angebrachten großen Gummisockel aufmerksam machte. Da Kalifornien sehr stark erdbebengefährdet ist, wurden in jede Etage diese Gummisockel eingezogen, damit sich die Wolkenkratzer bis zu einer bestimmten Erdbebenstärke in alle Richtungen biegen könnten ohne umzukippen.

Es gibt natürlich auch noch einige Straßen mit kleinen Kolonialhäusern in bunten Farben. Unsere Fahrt ging weiter an der Oakland-Bay-Bridge vorbei, einer modernen Brücke, die San Francisco mit der modernen Stadt Oakland Bay, in der die meisten Kalifornier wohnen, verbindet. Wir erreichen Fisherman`s Wharf. Gaukler, Maler, Musiker, Pantomimen, Schauspieler....., wer immer entdeckt werden wollte, stellte sich zur Schau. Auf uns wirkte es wie ein einziges großes Zirkuszelt mit Blick auf Alcatraz, dem Gefängnis für Schwerverbrecher auf einer Insel zwischen

Golden-Gate-Bridge und Fischermans Wharf, in dem unter anderem auch Al Capone gefangen gehalten wurde. Das natürliche Leben in diesem“ großen Zirkuszelt“

Fishermann`s Wharf faszinierte uns so, daß wir es am nächsten Tag noch einmal besuchten. Die Künstler und Schauspieler - die jedenfalls für uns so erkennbar - ihr Leben nur auf der Sonnenseite sahen, ließen uns an ihrem fröhlich - unkomplizierten und zwanglosen Leben teilnehmen.

Zurück hatten wir auch noch das Glück, daß uns der Taxifahrer Richtung Lombards Crocket Street fuhr, die größte Blumenserpentinenstraße der Welt, wo er uns am berühmten Hotel Hyatt Regency aussteigen ließ. Uns verschlug es fast den Atem bei so viel Luxus. Wir betraten die Innenhalle, die wie eine kleine Stadt wirkte, eine goldene Kugel mit Restaurants Spielhalle, Grünfächen, ein kleiner Park, rundherum befanden sich die Hotelzimmer, die mit gläsernen Fahrstühlen zu erreichen waren. Amerika, „das Land der unbegrenzten Möglichkeiten“ - wir haben in den letzten Jahren einiges von drüben übernommen, aber nicht alles ist hier nachvollziehbar, was wir dort erlebten - und bestimmt auch zum Glück für uns.

Unseren Trip beenden wir im Japanese Tea Garden im Golden Gate Park San Francisco mit seinen Seen, Tempeln und Teehäusern. Waren wir gestern noch in China, befanden wir uns heute in Japan. Ein gewaltiges Erlebnis. In originalgetreuen Teehäusern probierten wir auch grünen Tee. Wir konnten uns nicht sattsehen an dieser atemberaubenden Nachbildung. Glücklich und tief beeindruckt kehrten wir zum Hotel zurück.

Die Golden-Gate-Bridge in San Francisco

Am Morgen des folgenden Tages traten wir unsere Kalifornien - Rundreise an, zunächst nach Los Angeles. Diesmal war es nicht eine so langweilige Busfahrt wie in Florida, sondern einmalige Landschaften zierten unseren Weg über die „seventeen miles drive“, eine 17 Meilen =25 km lange Serpentinenstraße. Zunächst durch Santa Barbara, dann Santa Monica, am Pazifik vorbei, wo die Filmstars ihre Villen besitzen. Durch Seal and Bird Rock, einer herrlichen Naturlandschaft, ging die Fahrt zur Cannery Row, Doc Rickets Laboratorium, bekannt als „ Die Straßen der Ölsardine“ - gleichnamiger Titel eines Romans von John Steinbeck - nach Los Angeles. In Hollywood besuchten wir die Universal Studios, wo wir in die Filmwelt eingewiesen wurden bei echten Stunds. Wo Rockford gerade seinen Krimi drehte, das Haus, wo der Film Psycho mit Anthony Perkins gedreht wurde. Mit einer kleinen Bahn fuhren wir über einen See. Plötzlich sprang der weiße Hai aus dem Wasser, es wirkte so echt, daß wir uns furchtbar erschraken. Man erklärte uns einige Tricks, die bei Filmaufnahmen verwendet werden, zum Beispiel daß auf Knopfdruck bei Licht Regen kam. Die Requisiten von verschiedenen Filmen wurden uns auch gezeigt.

Wir spazierten über den Hollywood - Boulevard, der mit den Sternen und Namen der Stars der ganzen Welt gepflastert ist, hinunter zum Chinesischen Theater. Vor dem Theater befinden sich die Fuß - und Handabdrücke zahlreicher Filmstars von früher bis heute.

Bei unserem Stadtrundgang am nächsten Morgen kamen wir ins Gründungsviertel von Los Angeles. Das einzige Negative war der dicke Smog, der ständig über der Riesenstadt hing.

Am Morgen ging unsere Fahrt durch die San Bernadino Berge in den Wüstenstaat Arizona. Hier leben die Indianerstämme der Apachen, Navayos und Hopis. Während einer Rast konnten wir bei den Hopi - Indianern kleine Souveniers kaufen. Ein großes Schild wies darauf hin, daß sie nicht fotografiert werden wollten, was wir natürlich beachteten. Zum ersten Mal in meinem Leben sah ich leibhaftige Indianer, ich kaufte deshalb tatsächlich einige Schmuckteile, um mit ihnen in Kontakt zu kommen. Merkwürdigerweise sahen sie durch ihre Schlitzaugen wie Mongolen aus.

Nach diesem aufregenden Erlebnis fuhren wir weiter durch Arizona, der untergehenden Kino Sonne entgegen, wo die Western mit John Wayne am Oak Creek Canyon gedreht worden waren. Am Horizont ragten haushohe Kakteen, wie drohende Finger in den Himmel. Saguaro Kakteen, Giganten von 15 m Höhe, gehören nun mal zur Wildwestkulisse wie rauchende Colts und raubeinige Cowboys.

Weiter führte die Busfahrt zu einem berühmten Weltwunder, dem Grand Canyon, einer Schlucht vom Colorado River, in Millionen Jahren gegraben und durch rotes Gestein in allen Farben leuchtend.

Ein gewaltiges Naturereignis, was man in immer wieder wechselnden Farben bestaunen kann. In den Felswänden befanden sich viele Höhlen der Hopi-Indianer, die man am besten mit dem Helikopter zu sehen bekam.

Nach diesem einmaligen Naturwunder fuhren wir weiter durch Arizona nach Nevada, wo wir den berühmten, sehenswerten Hoover - Staudamm besuchten.

Am nächsten Morgen erreichten wir das Spielerparadies

Las Vegas in der Wüste Nevada. Was am Tag so grau und eintönig wirkte, entpuppte sich am Abend bis zum Morgen als ein flammendes Lichtermeer. Wir bewohnten leider nur eine Nacht das Hotel „Golden Nugget“ von Frank Sinatra mit dem weltberühmten Cowboy als Markenzeichen. First Class mit goldenen Betten und goldenen Wasserkränen, die wir aber nicht lange benutzten, weil wir die Nacht zum Tage machten. Wir besuchten die Mitternachtsshow im MCM Hotel - das drei Monate nach unserer Reise abbrennen sollte -, wo das Wahrzeichen des Hotels und der gleichnamigen Filmgesellschaft, ein Löwe im Käfig, von der Decke heruntergelassen wurde. Es war eine Show von Künstlern und Artisten, die so aufregend war, daß wir damals 1979 meinten, wir hätten alles nur geträumt. Wir Gäste wurden ständig mit in die Show einbezogen, über uns, daneben , über unseren Köpfen entstanden Brücken, es veränderte sich in Sekundenschnelle dic Optik. Nach diesem unvergeßlichen Erlebnis, verbrachten wir die weiteren Stunden in den Spielhallen. Las Vegas ist die einzige Stadt der Welt, in der es keine Uhren gibt. Solange man am Automaten spielt, sind sämtliche Getränke frei. Ein Frühstücksbuffet mit allem Drum und Dran kostet einen Dollar. Immer wieder Massen von Menschen. Die Nacht war wirklich zum Tage geworden. Die Scheichs waren hier ebenfalls Dauergäste und flogen ständig mit ihren Flugzeugen ein. Es war für uns eine völlig andere Welt. Zu schnell ging unsere Fahrt zurück nach San Francisco.

Wir besuchten noch Calico, die „tote Stadt“, eine alte Goldgräber - Westernstadt, naturgetreu erhalten. Die Stadt war bewohnt von 1881 bis 1907, deswegen heißt sie auch die tote Stadt, weil 1907 alle Menschen fortzogen. Es wirkte auf uns wie der Wilde Westen im Film.

Zum Abschluß unserer Rundreise besuchten wir noch den Yosemite Park, ein Paradies für Steilwandkletterer und herrliche Landschaft.

Israel 1980

Vollgepumpt mit Rauschgift

Nach zweistündiger, sehr strenger Gepäck - und Personenkontrolle hob die EL - AL Maschine in München ab. Nach vier Stunden landeten wir in Tel Aviv. Neben mir saß eine Israelin aus Haifa, die nach Hause wollte. Als sie hörte, daß wir in Tel Aviv wohnen und auf eigene Faust eine Rundreise unternehmen wollten, unter anderem bis Elat am Roten Meer, erzählte sie uns, daß wir in die "dreckigste Stadt Israels" führen, denn in Tel Aviv würden uns überall Ratten begegenen. Ich habe schon vor Mäusen Angst und um so mehr vor Ratten. Am liebsten wäre ich im Flugzeug geblieben und gleich wieder nach München zurück geflogen. Wir gerieten in Zweifel. Sie lud uns statt dessen nach Haifa ein, das, wie sie erklärte, eine sehr saubere Stadt sei. Wir sollten ihr Land in guter Erinnerung behalten. Dennoch nahmen wir ihr Angebot nicht an.

Landung in Tel Aviv. Acht Reisetage lagen vor uns. Der Flughafen war nicht gerade First Class, aber ich suchte vergeblich die vielen Ratten, die uns ständig begleiten sollten- sie waren nirgendwo. Das genaue Gegenteil empfing uns, wir waren höchst angenehm überrascht über die tadellose Sauberkeit und vor allem die Freundlichkeit der Menschen. Tel Aviv ist eine moderne, weltoffene Stadt, mit pulsierendem Leben, voll Musik, Kunst und natürlich damit Einflüssen aus aller Herren Länder, voller Handel und Wandel. Vermutlich war die Frau aus Haifa eine jener schwierigen Menschen - die es aber auf der ganzen Welt gibt -, die alles herabsetzen und madig machen, was nicht in ihre eigene, meist sehr enge Weltvorstellung hineinpaßt.

Wir hatten den Eindruck, daß sie eine strenggläubige Jüdin war, die alles andere ablehnte und verachtete und vor allem gegen alles Moderne war.

Jerusalem war unsere erste Busreise - Station. Die weltberühmte Klagemauer, „the old city wall", wo die gläubigen Juden ihre Wünsche in Briefen in die Mauerritzen stecken. Der von Arabern beherrschte Basar in der Altstadt, die Grabeskirche mit dem Kreuzigungsgang und dem heiligen Grab , der Felsendom. Wir fühlten uns, als wenn wir mit der offenen Bibel durch die Straßen und Häuser gingen und alles wiederfänden, was wir einst im Heiligen Buch gelesen hätten. Aber es gab auch eine harte Gegenwart. Die Gegensätze und Spannungen zwischen Arabern und Juden waren förmlich auf der Haut zu spüren, lagen in der Luft. Später erfuhren wir, daß deutsche Zeitungen und das Fernsehen gerade in diesen Tagen berichtet hätten, die Touristen lägen in den Bussen, weil sie beschossen worden seien. Unsere Familien gerieten natürlich in Panik. Aber wir selbst, die wir an Ort und Stelle waren, bekamen davon nichts mit.

Am Tag darauf besuchten wir Nazareth und Bethlehem, die Geburtsstadt Jesu. Die Verkündigungskirche in Bethlehem durften Männer nicht in Shorts und Frauen nicht unverhüllt betreten. Da wir für 40 Grad Hitze entsprechend leicht gekleidet waren, legte ich mir eine Landkarte um die Schulter, um in die Kirche hineinzukommen.

Der nächste Tag führte uns zum See Genezareth. Wir besichtigten das Haus des Petrus. Wir durchfuhren die Wüste Negev, in der die Beduinen in zahlreichen Gruppen in ihren Zelten kampierten. Sie durchzogen das Land, hatten keine feste Bleibe und schlugen dort ihre Zelte auf, wo es ihnen gefiel und sie vor allem für ihre Tiere Futter fanden. Sie lebten so, wie es wohl manch einer auch bei uns erträumte. Ich bewunderte diese Menschen, die mit so einfachen Gegenständen und Mitteln auskamen und dennoch - oder vielleicht deswegen? - einen zufriedenen, ja sogar glücklichen Eindruck machten.

Zum Toten Meer. Es war ein einmaliges Erlebnis. In diesem äußerst salzhaltigen Wasser kann sogar der Nichtschwimmer nicht untergehen und bleibt immer auf der Oberfläche. Man muß es selbst erleben, um es auch glauben zu können.

Wir besichtigten die antike Bergfestung Masada, auf einem Felsplateau über dem Südwestufer des Toten Meeres gelegen, mit bis zu 300 Meter hohen Steilwänden, das Nationalheiligtum des israelischen Volkes. König Herodes der Große baute die Festung um 25 vor Christus aus und ließ einen Palast mit Thermen und Vorratsgebäuden errichten. Im jüdischen Freiheitskrieg gegen die Römer 71- 73 nach Christus wurde Masada zwei Jahre lang belagert, ehe die jüdischen Verteidiger sie nach ihrem gemeinsamen Selbstmord den Feinden überließen.

Israel, ein sehenswertes, aufregendes Land, umgeben von erklärten arabischen Todfeinden, mit zielstrebigen, fleißigen und überaus freundlichen Menschen, von höchster Sauberkeit, nicht zu vergessen Israels Delikatesse, der vorzügliche Peter – Fisch, der am See Genezareth gefangen wird. In Tel Aviv gab es ein Einkaufszentrum, dessen Luxus und Angebot genauso gut in Paris, London oder New York bestehen könnten. Wir fühlten uns rundum wohl.

Der 7-armige Leuchter in Jerusalem

Früh am Morgen brachte uns die Maschine einer kleinen israelischen Fluglinie nach Elat am Roten Meer, wo wir eine Woche Badeurlaub vor uns hatten. Die Stadt mit ihren 22.000 Einwohnern wurde erst 1950 gegründet und wurde ein sehr wichtiger israelischer Ölhafen, nachdem die Ägypter den Suezkanal für israelische Schiffe gesperrt hatten. Wir besuchten das Unterwasserobservatorium von Hans Hass und bestaunten die wunderbare Meereswelt unter Wasser, wie dort die Fische und Pflanzen lebten. Wir sahen Rucksacktouristen aus aller Welt, die am Strand übernachten wollten, aber von den Armeesoldaten mit Knüppeln verscheucht wurden. Jeden Abend blickten wir auf das Lichtermeer des Golfes von Aqaba, der zu Jordanien gehörte. Wir befanden uns hier genau an der Landspitze, die Israel, Jordanien und Ägypten trennte. Da wir einen israelischen Stempel im Paß hatten, durften wir weder Jordanien noch Ägypten betreten.

Zurück nach Tel Aviv und Rückflug mit der EL-AL- Maschine nach Düsseldorf. Plötzlich tauchte ein Israeli im Gang des Flugzeugs auf, nur mit Unterhose bekleidet, über dem Kopf ein weißes Tuch, und marschierte in Richtung Toilette. Vor der Tür zog er noch seine Schuhe aus. Als er sich nach einiger Zeit weigerte, die Toilette wieder zu verlassen, alamierten die Stewardessen den Steward und die Piloten. Die Männer versuchten die Toilettentür zu öffnen. Nach langem Hin und Her brachen sie die Tür gewaltsam auf. Der Israeli war gerade dabei, seinen Reisepaß und seine Dollarscheine zu zerreißen und durch die Toilette abzuspülen. Die Männer führten den Mann zu seinem Sitzplatz zurück und banden ihn mit Gürteln fest. Im Flugzeug herrschte Totenstille, fürchteten wir doch, es mit einem Terroristen zu tun zu haben, der uns entführen wollte. Es stellte sich aber heraus, daß der Israeli mit Rauschgift vollgepumt war, er selber bekam nichts von dem Geschehen mit. Als wir erleichtert auf dem Düsseldorfer Flughafen landeten, wurden wir aufgefordert, vorerst sitzen zu bleiben und das Flugzeug noch nicht zu verlassen. Eine Kolonne von Polizisten, Feuerwehrleuten und ein Krankenwagen mit Blaulicht fuhren auf unser Flugzeug zu, um den nackten Israeli in Empfang zu nehmen. Während er mit Handschellen abgeführt und in den Krankenwagen gebracht wurde, konnten wir endlich das Flugzeug verlassen.

Elat - Kairo 1987

Im Sandsturm verschollen.....

Da wir von Israel, das auch im Winter Sonnentemperaturen wie die Kanaren hat, so begeistert waren, fuhren wir 1987 erneut dorthin, und zwar gleich nach Elat. Wir wohnten im Hotel Red Rock, direkt am Roten Meer, von wo aus man die mysteriösen roten Felsen des Edom Gebirges im tiefklaren Wasser sehen konnte. Nach zwei Tagen der Erholung starteten wir unsere Kairo-Tour, die uns ein Abenteuer bescheren sollte, das uns und vor allem mich noch lange beschäftigen würde.

Wir waren eine internationale Reisegruppe von neun Personen, aus Finnland, Schweden, der Schweiz und Deutschland. Ein israelischer Bus brachte uns bis zur Grenzstadt Taba. Wir stiegen aus und mußten zu Fuß mit dem Gepäck über die Grenze nach Ägypten gehen. Am Zoll nahmen uns sehr strenge Beamte in Empfang. Vor Aufregung mußte ich auf die Toilette. In diesem Raum stand ein Ägypter im Kaftan, der sich rasierte. Mir war sehr komisch zumute. Die Toilette war so dreckig, daß ich sie nur mit äußerstem Widerwillen benutzte. Ich tröstete mich, daß die sanitären Verhältnisse bestimmt nur hier an der Grenzstation so schlecht wären - was sich aber als Irrtum herausstellen sollte.

Man zeigte uns den Bus, der uns durch die Sinai - Halbinsel nach Kairo bringen sollte. Wir trauten unseren Augen nicht: ein dreckiges, schrottreifes Vehikel. Wir mußten unseren Koffer in den noch dreckigeren, ölverschmierten Kofferraum legen.

Ich fragte den Zollbeamten, ob das tatsächlich der „Reisebus“ nach Kairo sein sollte, von dem unsere inzwischen verschwundene israelische Reiseleiterin gesprochen hatte. Er wurde zornig und machte energische Handzeichen, daß wir rasch einsteigen sollten. Aus lauter Angst und weil wir seine lauten Rachenlaute nicht verstanden, bestiegen wir das Fahrzeug. Im Innern fiel uns vor lauter Dreck nichts mehr ein. Die Sitze waren selbstverständlich zerrissen. Es war einfach nicht zu glauben, hinter uns das saubere, geortnete, funktionierende Israel- und ein paar Meter weiter nur Dreck und Unordnung. Zum Glück hatte ich Sagrotan mitgenommen, womit wir unsere Sitze und Ablagen erst einmal notdürftig säuberten.

Wir staunten nicht schlecht, als die Fahrt ohne jede Reiseleitung startete. Es war keineswegs ein Reisebus, wie wir fest angenommen hatten, sondern ein einfacher Linienbus, der uns nun durch die Wüste schaukelte, die strengen Gerüche taten ihr übriges. An einzelnen Haltestellen stiegen Ägypter ein und aus. Wir erfuhren, daß unser Bus vor einiger Zeit von Terroristen beschossen worden war. Wir nahmen es inzwischen mit Galgenhumor.

Mitten in der Wüste Sinai hielt der Bus an einer Raststätte an, wo uns ein fußamputierter junger Mann bediente. Vor unserer Reise hatte man uns dringend geraten, nur eingepacktes Gebäck und verschlossene Flaschen zu kaufen, weil wir auch ungereinigtes Nilwasser zu trinken bekommen könnten. Leider konnte der junge Mann meinen 10-Dollar-Schein nicht wechseln, so daß ich auf den Kauf des Gebäcks verzichtete. Vor uns lag eine Fahrt von rund acht Stunden, deswegen wollten wir vorher noch die Toilette benutzen. Doch die „sanitäre Einrichtung“ an dieser Raststätte übertraf die an der Grenze noch einmal an Dreck, die

Spülung war bestimmt seit Jahren defekt. Es war unmöglich sie zu benutzen. Für die Anwohner, die noch in Erdhöhlen wohnten und die das Wasser, das sie zum Leben brauchten, aus der Erde pumpen mußten, war die Ankunft unseres Busses natürlich eine willkommene Abwechslung. Sie bestaunten den Bus und seine fremden Insassen, so das wir keine Möglichkeit fanden, unsere Notdurft im Freien zu verrichten. Wir hätten uns besser und vor allem hygienischer gestanden, Pampers mitzunehmen.

Wir wollten gerade den Bus besteigen, als der junge Mann mit dem Beinstumpf hinter mir herlief, um mir das Gebäck zu schenken.

Ich war völlig verblüfft und gab ihm nun den 10 - Dollar - Schein. Wir winkten uns noch lange nach.

Ein Mitreisender erzählte uns, daß er Ägypten vor zwölf Jahren schon einmal besucht hatte. Dabei erlebte er, wie eine Gruppe von Fuß -, Bein - oder Fingeramputierten mit Hand und Fußschellen durch die Straßen gehen mußte. Es waren Menschen, die beim Stehlen oder andere Straftaten erwischt worden waren und denen man zur Strafe die Gliedmaßen abgehackt hatte. War das gleiche vielleicht mit dem jungen Mann an der Raststätte geschehen? Wir erfuhren es nicht.

Mitten in der Wüste und Sand sahen wir plötzlich - beinahe wie eine Fata Morgana - einzelne grüne Oasen, auf denen Datteln wuchsen. Wir fragten uns dennoch, wovon die Menschen hier lebten. Immerhin bestand ja dort, wo es grün und damit Wasser gab, die Möglichkeit, Gemüse und Kartoffeln anzubauen. Die Menschen taten uns leid - doch , merkwürdigerweise, sie machten keineswegs einen unglücklichen Eindruck.

Wir waren vorgewarnt worden und deshalb alle einfach gekleidet, was sich noch als Glücksumstand erweisen sollte. Während wir uns Kairo näherten, mußten wir rund zehn Kilometer vorher an Straßensperren vorbei, die Kilometer für Kilometer von Militär bewacht wurden.

Endlich, endlich, nach endlosen acht Stunden durch Wüste und Sand erreichten wir die ägyptische Hauptstadt und unser Hotel Amann. An der Rezeption verursachte unser Erscheinen nur große Überraschung. Nach langer, teils erregter Diskussion gab man uns doch die Zimmerschlüssel, aber daß wir nicht willkommen waren, war eindeutig. Auf den ersten Blick wirkte unser Zimmer sogar sauber. Wir wollten natürlich nach der langen Fahrt zuerst duschen. Das war leider unmöglich, denn plötzlich stand das ganze Bad unter Wasser. Auch das Hotelpersonal konnte uns nicht weiterhelfen. Es war ein Chaos. Das Waschbecken mußte reichen, und wir schafften es sogar, pünktlich um 20 Uhr im Restaurant mit unsere Reisegruppe zusammenzukommen. Den anderen war es mit Dusche und Zimmern nicht besser ergangen.

Wir bestellten uns alle als erstes ein großes, kühles Bier. Der Kellner war entsetzt und wies uns darauf hin, daß wir in einem islamischen Hotel wohnten, wo es keinen Alkohol gebe. Natürlich akzeptierten wir das sofort, waren aber fortan dem Manne sehr unsympathisch, was er uns bis zur Abreise spüren ließ. Wir wunderten uns, daß wir die einzigen europäischen Gäste waren, während das gutbesetzte Hotel sonst nur von Arabern besucht war. Nachdem wir unsere Suppe eingenommen hatten, mußte Jürgen zur Toilette. Da er sich nicht auskannte, stand er auf einmal in der

Hotelküche. Als er zum Tisch zurückkam, kreidebleich im Gesicht, bestellte er unser Menü sofort ab. Was er gesehen hatte, ließ auch meinen Appetit gründlich vergehen. Die Küche wurde mit Straßenbesen gekehrt, der Staub landete in den dreckigen offenen Töpfen, die Einrichtung starrte vor Schmutz und das ungepflegte Personal kannte offenbar keine Seife und Handtücher.

Wir entschlossen uns nun, uns von dem eingepackten Gebäck zu ernähren, was uns sehr gut bekam.

Während wir durch Kairos Hotelviertel schlenderten, stellten wir fest, daß es hier doch sehr luxuriöse Hotels gab, während wir in einem rein islamischen Haus untergekommen waren, in dem wir nicht einmal willkommen waren. Da wir uns aber nirgendwo beschweren konnten, nahmen wir unser Schicksal ergeben in Kauf.

Am Abend gingen wir ins Sheraton Hotel und erlebten eine traumhafte ägyptische Hochzeit. Das wunderschöne Brautpaar wurde von seinen feierlich gekleideten Gästen durch das Hotel geleitet. Die Hochzeiter bzw. diejenigen die die Feier ausrichteten und bezahlten, waren offenbar reiche Leute, die sich diesen Luxus leisten konnten. An der Hotelbar bekamen wir sogar Bier. Als wir hungrig alle Schüsselchen mit Nüssen leerten, wunderte sich der Barkeeper wohl sehr, sagte aber kein Wort.

Am Morgen weckte uns um 5 Uhr die Stimme des Muezzins aus dem Lautsprecher mit seinem Gebetsgesang, was künftig täglich noch fünf Mal passieren sollte. Wir trafen uns an der Rezeption mit unserer Reisegruppe. Eine Ägypterin, hochschwanger, stellte sich als Reiseleiterin vor, immerhin sprach sie Englisch. Sie wollte uns zunächst die

Stadt zeigen, was wir gerne annahmen. Sie führte uns zu einem kleinen Bus, dessen Anblick uns ziemlich erschreckte: teilweise ohne Fensterscheiben und mit aufgeschlitzten Sitzen, den Schmutz übersahen wir inzwischen schon. Und damit durch den Wahnsinnsverkehr der Innenstadt zum Ägyptischen Museum! Wir interessierten uns vor allem für die Tutch – ench - Amon - Ausstellung mit dem Sarkophag, der Totenmaske, mit Gold, Schmuck und Grabbeilagen aus dem Grab dieses Königs.

Die Rückfahrt in die Altstadt wurde zum Alptraum. Während wir an den Straßenhändlern mit ihren alten Karren vorbeikamen, von denen wir aber nichts kaufen wollten, führte uns unsere ägyptische Reiseleiterin mitten ins Elendviertel hinein, wo wir von vielen bettelnden Kindern und Erwachsenen empfangen wurden. Es war wie ein Spießrutenlaufen. Wir mußten mit ansehen, wie Tiere geschlagen und gequält wurden. In den kleinen Hütten stand jeweils nur eine Pritsche, die für den Mann da war, Frau und Kinder lagen auf dem Boden. Die Männer saßen vor der Hütte und rauchten ihre Wasserpfeife, während die Kinder betteln mußten. Ein Mitreisender fragte mich, weshalb ich keine Fotos machte. Ich antwortete ihm nur, daß es mir reiche, solches Elend in der Wirklichkeit ansehen zu müssen, ich brauchte keine Fotos davon zu zeigen. Ich war entsetzt und hätte nur weinen wollen.

Wir kamen an einem mehrstöckigen Wohnbau vorbei, das tatsächlich auch bewohnt war. Die Balkone hingen herab, zerbröckelt, schief , wir dachten, das Haus müsse jeden Augenblick zusammenstürzen.

Doch die Menschen hier lächelten und winkten uns zu, wie mir schien, waren sie auf ihre Weise zufrieden. In einer

Straße ein Bild des Grauens, das mich bis heute nicht losgelassen hat: Menschen lebten am oder im Nilschlamm, doch wiederum scheinbar glücklich.

Der Bus hielt vor einem Restaurant in der Innenstadt, wo wir unser Mittagessen einnehmen sollten. Da wir uns zwei Tage nur von Gebäck und Nüssen ernährt hatten, wollten wir doch eine warme Mahlzeit haben. Während wir durch das Restaurant zu dem für uns reservierten Tisch geführt wurden, bemerkten wir einen ägyptischen Koch, der mit seinen schmutzigen Händen in noch dreckigerem Wasser Fleischbällchen formte und sich anschließend an einem schmutzstarrenden Tuch seine Hände abtrocknete. Mir drehte sich der Magen um. Wir wären am liebsten bei unserem Gebäck geblieben, konnten es aber nicht, um nicht die Leute zu beleidigen. Wir bestellten uns Spaghetti mit Tomatensauce, in der Hoffnung, daß uns damit nicht viel passieren könnte. Merkwürdig und unerklärlich, daß wir wieder die einzigen europäischen Gäste unter vielen Ägyptern waren.

Wir fuhren zur Cheops-Pyramide. Auf dem Parkplatz sah ich, wie ein Junge auf sein Kamel mit dem Knüppel einschlug, weil das Tier nicht schnell genug zu den Touristen lief. Wütend schimpfend wollte ich mich auf den Jungen stürzen, als mich mein Gefährte festhielt und daran erinnerte, daß ich nur Gast in einem fremden Land sei. Er versuchte mich zu beruhigen, während ich alle bösen englischen Worte, die ich kannte, auf den Jungen niederprasseln ließ. Er hörte tatsächlich mit dem Prügeln und Schlagen auf, aber ich beobachtete ihn, als er weiterzog. Nachdem er sich weit genug entfernt hatte, drehte er sich wieder um.

Die Sphinx von Sakkara

Als er mich immer noch schimpfend stehen sah, schlug er erst recht auf das Tier ein. Mir wurde übel, ich konnte nur noch weinen. Ein Alptraum.

Nach diesem schrecklichen Zwischenfall, über den ich mich noch lange nicht beruhigen konnte, folgte der nächste Schock. Die Reiseleiterin brachte uns in einen Raum, wo Kinder, vor allem Mädchen, auf harten Holzbalken saßen und Teppiche knüpfen mußten. Die Kinder waren oft gerade erst vier Jahre alt, wurden morgens gebracht und mußten den ganzen Tag arbeiten, um ein paar Dollar zu verdienen. An einem Tisch saß ein gutaussehender, elegant gekleideter Ägypter mit Anzug und Krawatte, der die Kinder bewachte. Die älteren hatten schon krumme Rücken. Unfaßbar für uns . Am liebsten hätte ich den Hübschling mit dem Kopf gegen die Wand geknallt, um ihm zu zeigen, was er damit anrichtete, wenn Kinder die natürlich noch im Knochenaufbau waren, den ganzen Tag in krummer Haltung arbeiten mußten.

In diesen Tagen hielt sich die Fußballmannschaft von Borussia Mönchengladbach hier auf, um gegen eine Kairoer Mannschaft anzutreten. Die Ägypter hatten dafür ein Lamm geschlachtet und das Fußballtor mit dessen Blut angemalt, um ihren Sieg heraufzubeschwören. Es reichte dennoch nur zu einem Unendschieden. Die Zeitung, die darüber berichtete, nahmen wir als Souvenier mit nach Hause.

Wir fragten unsere Reiseleiterin natürlich über Land und Leute aus. Wenn sie merkte, daß wir entsetzt waren, fielen ihre Antworten allerdings sehr knapp aus. Eines Abends begleitete sie uns in ein Gartenrestaurant, in dem es gegrillte Hähnchen gab.

Uns lief das Wasser im Mund zusammen. Endlich sahen wir auch mal Europäer in einem Restaurant. Nach diesem für uns fürstlichen Essen sammelten wir für die Reiseleiterin Trinkgeld, denn es war unser letzter Tag mit ihr. Doch plötzlich, mitten im Basar im Zentrum, hielt der Bus an. Ohne sich von uns zu verabschieden , verschwand sie, wie auf der Flucht, im Straßengewimmel. Wir hatten uns nicht einmal bei ihr bedanken können und verstanden ihre Handlungsweise nicht.

Unsere Aufenthaltsgenehmigung war nach fünf Tagen abgelaufen. Am Morgen unserer Abreise stand wieder der Linienbus vor unserem Hotel, der uns zurück zur Grenzstation bringen sollte. Es ging den gleichen Weg zurück und zunächst wieder mitten in die Sinai -Wüste hinein. Auf einmal blieb der Bus stehen, der Motor setzte aus. Die Ölpumpe war defekt. Nach einer Stunde nervenaufreibender Wartezeit atmeten wir auf, der Fahrer hatte den Schaden repariert. Noch ein paar Fehlstarts, doch dann ging es weiter in Richtung Israel. Nach etlichen Kilometern erneut ein Halt, wieder ein Defekt am Bus. Der Fahrer lag unter dem ölverschmierten Bus, wir aber flüchteten in das Businnere, weil ein wütender Sandsturm eingesetzt hatte, von dem wir sicher verschluckt worden wären. Die Gewalt dieser Stürme ist nicht zu beschreiben und unvorstellbar. Wir malten uns aus, was passieren würde, wenn wir hier nicht mehr wegkämen und uns niemand mehr finden würde. Wir sahen uns schon im Sande begraben, verhungert und, was noch schlimmer war, verdurstet. Wir steigerten uns fast in eine stumme Hysterie hinein.

Nach schier endlos langem Warten sprang der Wagen plötzlich wieder an. Zu unserer grenzenlosen Erleichterung näherten wir uns der ägyptisch - israelischen Grenzstation und sahen Israel in der Ferne. Zum dritten Mal streikte der Bus.

Unsere Wasservorräte waren zuende. Wir malten uns aus, zu Fuß die Strecke durch die Wüste laufen zu müssen. Wir wußten nur eines, das würde keiner von uns mehr schaffen.

Doch, oh Wunder, der Bus hatte ein Einsehen mit uns.

An der Grenze wurden wir wieder von den unwirschen, strengen Zollbeamten in Empfang genommen. „Haben Sie etwas zu verzollen?“ Wir verneinten und schüttelten unsere Köpfe. „Wer Zeitungen aus Ägypten ausführt, wird mit Gefängnis bestraft!“ Siedendheiß fiel mir die Zeitung mit dem Bericht über das Fußballspiel der Borussia ein, die wir im Koffer verstaut hatten. Die Israelin vor uns mußte ihre Koffer öffnen. Mir wurde fast schlecht. Als er fragte, ob wir auch in Tunesien gewesen wären - was wir vor lauter Aufregung verneinten -, blätterte er in unserem Reisepaß - und fand natürlich den Stempel von Tunesien. Er zeigte mit dem Finger darauf und hielt uns die Pässe vor die Nase. Wir stotterten, daß wir es vergessen hätten, es lag ja Jahre zurück. Da der Beamte von einem anderen abgerufen wurde, ging das Kreuz an uns vorüber.

Dem Wahnsinn nahe konnten wir unsere Koffer schnappen und liefen so schnell uns unsere Füße tragen konnten, über die Grenze zu der Haltestelle, wo uns der israelische Bus auf der Hinreise abgesetzt hatte und jetzt wieder erwarten sollte, um uns ins Hotel Red Rock zurückzubringen.

Wir standen und warteten, warteten. „Vielleicht haben sie uns vergessen“, sagte eine Stimme aus der Gruppe, und es schwang schon eine Menge Resignation darin mit . Zwei Männer von uns machten sich auf und gingen zur Grenzstation zurück, um das Hotel anzurufen und zu sagen, daß wir an der Grenze warteten.

Es ging nun rasch, eine offensichtlich erleichterte Reiseleiterin nahm uns in Empfang. Wir erzählten ihr von unseren abenteuerlichen Katastrophentagen in Kairo. Sie berichtete, daß uns ein kleiner Reisebus an der Grenzstation abholen wollte, um uns nach Kairo zu bringen. Doch der Fahrer wartete vergeblich an der Grenze. Wir waren irrtümlicher Weise mit dem Linienbus unterwegs. Sie berichtete das uns auch in Kairo ein Bus erwartet hätte, der uns aber nicht finden konnte. Sie hätte dann im Sheraton Hotel, in Kairo, wo wir angemeldet waren, nachgefragt. Doch auch dort erhielt sie keine Bestätigung über die Ankunft einer Gruppe von neun Europäern. Deshalb wurden wir irrtümlich im Hotel Amman untergebracht. Jetzt war uns auch die abweisende Haltung des Hotelpersonals verständlich. Sie beruhigte uns und sagte, daß wir natürlich aufgrund der Pannen und Pleiten das ganze Reisegeld erstattet bekämen.

Je näher wir dem Hotel kamen, um so unruhiger wurde ich. Die Erlebnisse der letzten Tage überrollten mich. Ich konnte sie nicht mehr verarbeiten.

Jürgen versucht mich zu beruhigen, obwohl es ihm auch nicht besser ging. Er führte mich in die Hotelbar. „Laß uns erst einmal ein großes Bier trinken, das beruhigt. Dann sieht die Welt wieder ganz anders aus." Neben mir stand ein deutscher Urlauber mit unmißverständlichem rheinischem Dialekt, vor sich ein leeres Glas, das an diesem Abend offensichtlich schon einige Vorgänger gehabt hatte. Sein dicker Bauch drückte ihn massig auf den Barhocker hinunter „Mädchen!" dröhnte es laut und zungenschwer aus seinem Mund. „Mädchen! Warum so traurig. Wir haben doch Urlaub!“ Am liebsten hätte ich ihm mein volles Bierglas ins Gesicht geschüttet. Ich zog es aber vor, sofort die Bar zu verlassen und in unser Zimmer zu gehen. Ich erlitt einen Nervenzusammenbruch. Die Nächte wurden für mich zum Alptraum. Von meinem eigenen Aufschreien wurde ich wach. Ich erlebte alles wieder und erblickte unmittelbar vor meinen Augen, was hinter uns lag. Ich sah mich in der Wüste begraben.

Zu Hause mußte ich in ärztliche Behandlung. Da sich mein Zustand aber nicht besserte, wollte mich mein Arzt in eine psychosomatische Klinik zur Beobachtung stecken. Ich lehnte aber entschieden ab.

Ich habe Jahre gebraucht, um mich von dieser Horrortour zu befreien. Über die Organisation PLAN übernahm ich die Patenschaft für ein kleines Mädchen aus der Altstadt von Kairo Hadir wird 1997 drei Jahre alt werden. Ich liebe dieses Mädchen, dem ich auf diesem Wege eine zweite Mutter sein möchte.

Am liebsten möchte ich in Kairo alle kleinen Mädchen als Patenkinder beschützen und auch die Tiere in der Kairoer Altstadt und das Kamel auf dem Parkplatz vor der Cheops-Pyramide......

China

„Einmal in Peking Fahrrad fahren!"

Jürgens Großvater, der den Boxeraufstand in China im Jahre 1900 miterlebt hatte, hatte ihm mit großer Begeisterung von diesem fremden Land erzählt. Wir wollten es nun kennenlernen, dieses „Reich der Mitte" im Fernen Osten, in das man früher als normaler Tourist kaum einreisen durfte. Im Sommer 1990 war es dann soweit, unser Traum sollte sich erfüllen.

Wir flogen mit der Air China von Frankfurt nach Peking,wo wir nach zehn Stunden landeten. Früher dauerten die Flüge viel länger, weil man nicht über Landesteile der Sowjetunion fliegen durfte und Zwischenlandungen üblich waren.

Obwohl wir schon einige Fernflüge hinter uns hatten, waren wir überrascht, als man uns ein Päckchen überreichte, in dem blaue Socken lagen. Wir freuten uns natürlich, wußten aber zunächst nicht, was wir damit anfangen sollten. Der Reiseleiter erklärte uns, daß die Chinesen sie anbieten, damit ihre Fluggäste bei Langstreckenflügen keine dicken Füße bekämen. Es war tatsächlich sehr angenehm, und bald liefen alle 350 Fluginsassen in den blauen Socken herum. Seitdem haben wir bei langen Flügen immer Socken im Handgepäck.

In Beijing, wie die chinesische Hauptstadt von den Chinesen ausgesprochen wird, empfing uns ein sehr aufmerksamer und freundlicher Reiseleiter und begleitete uns zum Hotel Zharolong. Auf der Fahrt sahen wir kaum Autos, dafür umso mehr Fahrräder, denn das Fahrrad ist das Hauptverkehrsmittel der Chinesen. Inzwischen nimmt die

Zahl der Autos, allerdings auch dort stark zu und mit ihm die ganzen Verkehrs - und Umweltprobleme, die uns ja zur Genüge belasten.

In dem Hotel, das nach chinesischen Maßstäben offenbar als sehr komfortabel galt, bezogen wir, zu unserer angenehmen Überraschung, ein sehr schönes Zimmer im 12. Stock, von wo wir eine herrliche Aussicht über die riesige Hauptstadt hatten.

Ich hatte es mir in den Kopf gesetzt, in Beijing mit dem Fahrrad zu fahren. Zwar hatte ein bekannter zu Hause, der viel in China unterwegs gewesen war, mir dringend abgeraten, weil das zu gefährlich sei und die chinesischen Radfahrer in Massen und ohne jede Rücksicht fahren würden, Stürze und Knochenbrüche seien unvermeidlich. Aber ich hatte es mir nun mal vorgenommen.

Wir waren eine Reisegruppe von 25 Personen. Beim Abendessen saßen wir zu acht an einem runden Tisch, auf dem sich eine drehbare Glasplatte befand, auf der das Essen angerichtet wurde. Viel geschnetzeltes Fleisch und Gemüse, die verschiedensten Soßen in kleinen Schälchen. Die Glasplatte konnte jeder nun so drehen, daß er an allen Speisen herankam. Eigentlich empfehlenswert für uns zu Hause. Lustig wurde es, als wir mit Stäbchen essen sollten, was natürlich einiger Übung bedarf. Wir hatten am ersten Abend viel zu lachen.

Am nächsten Morgen begann unsere Rundfahrt. Wir hatten alle große Schwierigkeiten mit der hohen Luftfeuchtigkeit. Der Tianamen Platz, der „Platz des Himmlischen Friedens“, der größte Platz der Welt. Eine Million Menschen können sich hier versammeln, und während der sogenannten Kulturrevolution unter Mao trafen sich die

Demonstranten hier. Aber es war auch derselbe Platz, auf dem zwei Jahre vor unserer Reise der große Studentenaufstand in einem blutigen Massaker endete. Ich fragte den Reiseleiter danach, aber er blockte sofort ab, es war ihm ganz offenbar verboten, darüber zu sprechen. Er konnte sich allerdings nicht enthalten zu bemerken, daß man zu Maos Zeiten Jeanshosen den Trägern vom Leibe gerissen hätte. Wir stellten uns nun lebhaft vor, wie wir, die wir fast alle diese praktischen Hosen trugen, dann wohl in Unterwäsche herum laufen würden. Damals trugen die Chinesen eine Art militärischer Einheitskleidung, während 1990 bereits viele, ja die meisten westlich gekleidet waren.

Wir besuchten die „Große Halle des Volkes“, ein beliebter Treffpunkt für Chinesen und Touristen. Plötzlich kam ein Chinese auf mich zu und gab mir zu verstehen, daß er mich gern mit seiner kleinen Tochter fotografieren wollte. Ich durfte das süße kleine Mädchen auf den Arm nehmen, und alle Umstehenden lächelten.

Überhaupt lächelten die Menschen ständig, selbst wenn sie uns anstarrten, als wenn wir vom Mond kämen. Wir waren für sie die „Menschen mit den langen Nasen.“

Das Mausoleum von Mao Tsetung - nach chinesischer Sprechweise richtiger Mao Zedong - , der am 9. September 1976 im Alter von 83 Jahren gestorben war. Zuerst wurde uns die Kamera abgenommen, denn fotografieren war streng verboten. Wir sollten langsam, aber ohne stehen zu bleiben, an dem Sarg vorbeigehen. Überall Aufpasser. Mao lag in einem Glassarg, sein Gesicht war von Formaldehyd stark aufgeschwemmt und sah aus wie in einem Wachsfigurenkabinett.

Der chinesische Alltag war für uns sehr interessant. Die kleinen Kinder trugen Hosen mit Schlitzen. Wir beobachteten einen Vater, der eine Zeitung auf den Boden legte. Er öffnete die Schlitze an der Hose, und der kleine Junge konnte sein „Geschäft" verrichten, ohne die Hose herunterzuziehen. Der Vater faltete die Zeitung zusammen und warf sie in den Abfalleimer.

In den vielen Parks sahen wir von früh bis spät Menschen beim Schattenboxen und Gymnastik. Jeder konnte mitmachen. Ein großes Problem des Landes ist die Wohnungsenge in gesichtslosen Wohnsilos rechts und links der endlosen Straßen.

Ein Ehepaar, meist mit Großmutter und zwei Kindern, lebt in zwei Räumen von zusammen 30 Quadratmetern. Küche, Bad und WC teilen sie mit einer anderen Familie, die im dritten Zimmer wohnt. Kein Wunder also, daß die Menschen diese Enge verlassen und in die Parks flüchten. Gewiß hat jeder Chinese ein „Dach überm Kopf" , aber statistisch hat er gerade mal fünf Quadratmeter Wohnraum zur Verfügung. Nach unseren Begriffen ist das kein Lebensraum, sondern eher ein Lager. Die Parks sind sozusagen die chinesischen Frei - und Frischluftwohnzimmer.

An einem Abend wurden wir bei unserem Bummel auf einmal von einer alten Frau lautstark beschimpft. Ohne den Grund zu wissen, machten wir uns vorsichshalber aus dem Staube.

Der dritte Tag führte uns zu der Großen Mauer und den Ming - Gräbern. Wir fuhren früh los, um nicht in die zu erwartenden Besuchermassen zu geraten. Wir kamen durch die riesigen Außenbezirke der etwa 10 Millionen Einwohner zählenden Hauptstadt. Die Chinesische Mauer: 6.000

Kilometer lang, das längste Bauwerk der Welt, selbst die Astronauten im Weltraum erkennen sie. Wir spazierten über das beeindruckende Bauwerk, das wir uns so gewaltig und großartig nicht vorgestellt hatten. In regelmäßigen Abständen stehen Wachtürme, die als Waffenkammern und Quartiere der Wachmannschaften dienen. Von jedem Turm aus eine neue, atemberaubende Aussicht. Es war für uns ein wunderbares Gefühl und für alle ein faszinierendes Erlebnis.

Der Bus brachte uns zu einem Restaurant zum Mittagessen. Es war im Tempelstil gebaut, mit einem See voller Seerosen und einem phantastischen Garten. Wir kamen uns in diesem feudalen Restaurant vor wie im Märchen. Wir bekamen die berühmte Pekingente vorgesetzt. Hoffendlich war es tatsächlich ein Federvieh , denn wir hörten aus der Küche ein Miauen. Da in Beijing keine Hunde und Katzen zu sehen waren, rutschte es aus mir heraus: „ Da miaut unser Mittagessen". Unser Reiseleiter erzählte uns im Bus, daß die Spezialität der chinesischen Küche Geflügel sei, aber auch das Fleich von Ratten, Schlangen und Hunden würde geschätzt. Die Tiere würden besonders gezüchtet und ihr Fleisch nur in bestimmten Regionen und zu bestimmten Jahreszeiten angeboten. Hundefleisch wurde mehr im Winter verspeist, weil Hundefett Wärme erzeugen und die Potenz steigern würde."

„Jürgen, jetzt bekommst du jeden Tag Hund zu essen!" Meine Bemerkung endete in großem Gelächter.

Weiter ging die Fahrt zu den Ming - Gräbern, etwa 45 Kilometer von Beijing entfernt. Das Haupteingangstor war dem„ Toten Sohn des Himmels " vorbehalten, der lebende Kaiser mußte das linke Tor benutzen. 500 Meter befand sich der Säulenpavillon mit der größten Säule Chinas. Weiter durch eine 1.100 Meter lange Geisterallee, wo auf beiden Seiten Tempelwächter aus Marmor aus der Ming - Zeit zu bewundern waren. Wir besichtigten die Grabstätten einiger Ming-Kaiser.

Zurück zum Parkplatz erwartete uns ein Problem, der Bus sprang nicht an. Nach langem Hin und Her sowie vielen guten Ratschlägen von Einheimischen und Touristen bestellte unser Fahrer einen Ersatzbus.

Während der einstündigen Wartezeit wollte ich eine öffendliche Toilette aufsuchen. Ich traute meinen Augen nicht. Nicht nur, daß es keine Türen gab, nein, die Frauen saßen dort wie auf einer Hühnerleiter angereiht. Sie sahen mein erschrockenes Gesicht und kicherten heftig: „ Hi, hi, hi!" sie zeigten auf eine leere Toilette, ich ging aber nach draußen, um dort einen Platz zu finden, die Erinnerung an dem Vater mit seinen Sohn mit der Zeitung ließen mich hoffen. Aber auch hier gab es nur Menschen über Menschen, die mein Vorhaben vereitelten. Notgedrungen und todesmutig ging ich zurück, wo mich die Frauen mit noch lauterem „ Hi, hi, hi !" empfingen. Ich benutzte nun die freie Toilette und kicherte einfach mit den anderen mit : „Hi, hi , hi!"- vielleicht half das ja in irgendeiner Hinsicht bei dieser Aktion. Im nachhinein war es einfach lustig, man muß sich gerade auch im Ausland anpassen.

Der Ersatzbus brachte uns zum Hotel zurück, wo wir abends wieder vor unserer Drehscheibe saßen und unser Kleingeschnetzeltes aßen. Jeder hing wohl dem Gedanken an die Ratten und Schlangen nach. Von der Kantonesischen Küche sagt man, daß sie alles verwenden würde, was den Bauch oder den Rücken dem Himmel zuwenden könne, ausgenommen den Menschen - beruhigend zu wissen. Aber ein Gang über den Markt und durch die Straßen wird die Auskunft bestätigen.

Die Qualität des Essens, das der Tourist vorgesetzt bekommt, ist natürlich nicht mit der einfachen chinesischen Küche zu vergleichen, denn wir bekamen in der Regel mindestens 12 Gänge, mit kalten Vorspeisen und der Suppe als Abschluß. Aber die normale deutsche Hausmannskost hat doch auch nichts mit den Spitzenerzeugnisse von Gourmet - Tempeln zu tun. Übrigens kochen die Chinarestaurants in Deutschland ganz anders als in ihrer Heimat, es ist im Grunde eine deutsche Küche mit chinesischen Elementen. Nicht zu empfehlen sind die Gaststätten der Einheimischen, unter anderem deshalb nicht, weil die Gäste ganz ungeniert beim Essen auf den Fußboden spucken, was ja nicht gerade einladend sein kann. Wir sahen uns eine Metzgerei an und waren sehr froh, dort nichts kaufen zu müssen. Die kleinen Garküchen aber waren sehr beliebt. Obwohl wir mit der Sauberkeit unsere Schwierigkeiten hatten, ist die Ernährung mit viel Reis und Gemüse sicherlich gesünder als die bei den nach amerikanischem Vorbild eingerichteten Fast – Food - Ketten, bei denen zu fett und zu schnell gegessen wird.

In den Straßen herrschte ein reges Treiben, das Leben pulsiert, das Bild von den emsigen Ameisen drängte sich auf. Fahrradrikschas überholen die Passanten rechts und links. Und immer und überall in diesem wirklichen „Land des Lächelns“ lächelnde Menschen. Man fragt sich unwillkürlich, ob es sich um eine freundlich wirkende Dauermaske handelt oder so etwas wie das berechnend aufgesetzte und geschäftsmäßige „ keep smiling“ der Amerikaner sei.

Aber es scheint doch etwas anderes zu sein, es wird wohl damit zusammenhängen, daß die Menschen ein stark ausgeprägtes Ehrgefühl haben und das Schlimmste für sie ist, „ das Gesicht zu verlieren“, das ihr Lächeln offenbar schützt.

Die Menschen achten wohl darauf, daß sie selber, aber auch die anderen nicht in diese Lage geraten, die sie so verletzen würde.

China hat längst eine Bevölkerung von mehr als 1 Milliarde Menschen und wächst zwangsläufig ständig weiter. Obwohl eine große Kinderfreundlichkeit Tradition hat, mußte die Regierung in das ungehemmte Wachstum der Zahl der Einwohner mit harten Maßnahmen und Regelungen eingreifen. Jede Familie soll nur ein einziges Kind haben. Einkind-Familien erhalten deshalb finanzielle Vorteile, während die Familien mit mehreren Kindern erhebliche Nachteile beim Wohnraum, bei der Schul - und Arbeitsplatzzuweisung hinnehmen müssen.

Außerdem müssen die Ehepaare für jedes weitere Kind Strafe zahlen, was die Leute, vor allem auf dem Lande, aber nicht abhält, insbesondere bis ein Sohn geboren ist, denn Mädchen gelten nichts.

Am Tag darauf stand der Kaiserpalast auf unserem Programm. Als Jürgen vom Fenster aus eine wahre Fahrradinvasion wahrnahm, wollte er mich unbedingt abhalten. Aber ich wollte nun mal in Beijing Fahrrad fahren! Was Millionen Menschen auf ihren geschätzt vier bis fünf Millionen Fahrrädern täglich tun, sollte mir doch auch gelingen. Radfahrer transportieren oft mehr auf ihren zwei Rädern, als bei uns Kleinlastwagen aufladen würden. Früher wurden sogar die Toten mit dem Fahrrad zum Friedhof befördert.

Der Bus brachte uns zum „ Tor der Glückseligkeit“, dem Eingang zur „ Verbotenen Stadt“. Der Kaiserpalast ist das größte und bedeutendste Bauwerk Chinas außer der Mauer. Hauptsächlich aus Holz und Ziegel erbaut, mit einer 10 Meter hohen Mauer umgeben und von einem 52 Meter breiten Wassergraben umschlossen. Scherzhaft sagt man, es gebe im Palast 9.999 und einen halben Raum, weil es nur im Himmel 10.000 Räume geben könne. Aber es ist tatsächlich so, die mehr als 9.000 Räume und über 100 Paläste, Pavillons, Tempel und Werkstätten bilden eine Stadt für sich. Wer den Film „Der letzte Kaiser“ gesehen und vorher diesen Palast besichtigt hat, wird das Leinwandwerk überhaupt verstehen können.

Zurück zum Sommerpalast mit seiner eindrucksvollen Gartenanlage. Auf einem riesigen Areal bilden der künstlich angelegte See, der „Berg der Lebendigkeit“ sowie ein Reigen von Palästen einen Garten der vollkommenen Harmonie. Wir besichtigen das Marmorboot der alten Kaiserin, zu dem ein langer geschmückter Wandelgang führt, der “ längste Regenschirm der Welt“, 800 Meter lang, am Ufer des Sees entlangführend. Um die Kaiserin vor Sonne und Regen zu schützen, wurde er mit einem herrlich geschmückten Dach ausgestattet. Ein anstrengender , aber schöner Tag.

Am Morgen des nächsten Tages gingen wir zum Vogelmarkt, um einen Eindruck von der Freizeitgestaltung der Chinesen zu erhalten. Die Menschen nehmen ihre Vogelkäfige mit und hängen sie hier in einen Baum. Am lebhaftesten ist es am Sonntagmorgen. Es wird alles ge - und verkauft, was man sich vorstellen kann. Der Friseur schneidet mitten in der Gasse die Haare oder rasiert Bärte. Überall wird gekocht. Und überall Palaver in dieser von uns wie ein Singsang mit vielen hohen Tönen vorkommenden Sprache.

Nach dem Bummel über den Markt war ich durstig geworden. Zum Glück war ein Kiosk in der Nähe. Leider sprach der Besitzer kein Englisch und erst recht nicht Deutsch, wir natürlich kein Chinesisch. Unter all den Flaschen entdeckten wir eine grünliche, die wie die Wasserflasche im Hotel aussah. Wir kauften sie für paar Yuan, einige Groschen umgerechnet, und machten dem Verkäufer klar, das er die Flasche öffnen solle. Er schaute ganz erstaunt und lächelte . Nach wiederholten Gesten öffnete er schließlich die Flasche, und ich trank einen tiefen Schluck . Einer

Chinesin auf ihrem Fahrrad fielen fast die Augen aus dem Kopf, als sie mich mit der Flasche am Mund sah. Im selben Moment dachte ich, ich müßte ersticken und verbrennen zugleich. Es war, als hätte ich Spiritus getrunken, ich spuckte alles aus. Jürgen brachte mich zum Bus, ich die grüne Flasche noch immer in der Hand haltend. Der Reiseleiter war ganz erschrocken und sagte, daß ich soeben 70-prozentigen Alkohol getrunken hätte. Er schüttelte nur den Kopf. Der ganze Bus brach in schallendes Gelächter aus, und jeder wollte mein „Mineralwasser" probieren. Jetzt wurde mir auch der von Entsetzen geweitete Blick der Chinesin und das Lächeln des Kioskverkäufers verständlich. Noch beim Abendessen war mein alkoholischer Gewaltakt Gesprächsthema Nummer 1. Bei der Rückfahrt stand das Feuerwasser noch in unserem Zimmer.

Der Himmelstempel in Peking

Am nächsten Morgen wollte ich aber nun endlich in Beijing Fahrrad fahren. Jürgen versuchte beim Anblick der Zweiradkolonnen nochmals verzweifelt, mich von meinem Vorhaben abzubringen. Als sich noch ein Ehepaar und eine Mutter mit ihrer Tochter anschlossen, gab es kein zurück mehr. Wir gingen zu einem Fahrradverleih in der Nähe des Hotels und suchten uns jeder ein Gefährt aus. Die Dinger sahen aus wie von der Jahrhundertwende, eine Bremse hinten, eine Lampe und sonst eigentlich nichts weiter. Kein Rücktritt, was natürlich sehr ungewohnt für uns war. Aber die Klingel funktionierte vorzüglich. Wir kauften deshalb am Nachmittag gleich mehrere davon, übrigens spottbillig, und verteilten sie unter Freunden als Souvenier, einige sind heute noch im Einsatz.

Also los nun! Wir reihten uns in die endlose Kolonne ein, was nicht so ganz einfach war. Es ging alles so schnell. Ich meinte, hinter der Frau von unserer Gruppe herzufahren, als ich bemerkte, daß vor mir eine Chinesin fuhr. Ich sah niemanden mehr aus unserer Gruppe. Da stand beziehungsweise fuhr ich nun. Mein Hotelkärtchen mit Namen und Anschrift hatte Jürgen an sich genommen. Panikartig suchte ich nach der Gruppe und fuhr notgedrungen erst einmal in den Pulk weiter. Endlich entdeckte ich die anderen, die mich schon vermißt hatten und erwarteten. Weiter ging die chaotische Fahrt. Ich schrie: „ Jürgen, Jürgen! Nicht so schnell!“ Er zurück: „Fahren, fahren, nicht halten! Immer durchfahren!“ Jetzt verließ mich mein Mut. Um die anderen nicht zu verlieren, paßte ich mich dem Tempo aller notgedrungen an. Rechts und links von uns nur kichernde Chinesen. Wir bogen endlich ab, ich rief: „Vorsicht! Gegenverkehr von Autos!“ Doch die Antwort war nur: „

Fahren! Fahren! Fahren!“ Es wurde ruhiger.

Wir kamen an Stellen, wo sonst kein Touristenbus hinfuhr. In den engen Gassen sahen wir, wie die Chinesen Mund und Nasen aufrissen, als sie uns kommen sahen. „Langnasen“ auf Fahrrädern waren sie bestimmt nicht gewohnt.

Als wir wieder durch die Stadt zu unserem Hotel zurückfahren wollten, hatte ich Gummibeine. So schlimm hatte ich mir das doch nicht vorgestellt, wollte es aber nicht zugeben. Auf einmal wußten wir nicht mehr, wo wir waren. Wir schauten im Stadtplan nach, vergebens. Da hielt neben uns ein Chinese auf seinem Dreirad und fragte uns auf Englisch, ob er uns helfen könne. Wir wollten zu einem bestimmten Park und zeigten ihm dies. Er wendete sein Rad und fuhr vor uns bis fast zum Eingang, verabschiedete sich und radelte winkend davon.

Vor uns ein riesiger Fahrradparkplatz. Was bei uns die Autoparkplätze , das sind in Beijing die Fahrradparkplätze. Aber wie sollte man je in diesem tausendfachen Wirrwarr sein Vehikel wiederkriegen? Zum Glück bekamen wir eine Nummer. Am Eingang wurden wir von drei Frauen als langnäsige Fremde angestarrt. Als wir unsere Taschen dort nur aufbewahren wollten, begriffen sie es nicht sofort und waren zunächst völlig durcheinander. Plötzlich verstanden sie unsere Zeichen, das übliche Gekicher - und alles war gut.

In diesem Park befand sich ein Turm, von dem aus wir die Kaiserstadt überblicken konnte. Zurück fuhren wir ins Zentrum, wo wir in einem Kaufhaus ins Cafe gingen, das im obersten Stockwerk lag.

Nach einem Tee und etwas Gebäck ging es Richtung Hotel.

Inzwischen hatte der Berufsverkehr eingesetzt, und die Zweiradlawine war noch schlimmer als am Morgen. Da wir uns schon den ganzen Tag in diesem Fahrradverkehr getummelt hatten, konnten wir schon ganz gut mithalten. Wir lächelten auch bereits ständig und kicherten andauernd während der Fahrt. Von unserem Rad verabschiedeten wir uns einerseits froh, insbesondere wenn ich an meinen verlängerten Rücken dachte, aber auch ein bißchen wehmütig, hatte es uns doch zuverlässig durch eine riesige Weltstadt getragen und uns zu Eindrücken und Erlebnissen befördert, die wir sonst nie erfahren hätten. Ein Tag voller Erlebnisse und Ereignisse ließ uns froh zu Fuß zum Hotel zurückwandern.

Dort überfiel uns der Rest der Truppe und wollte wissen, wie es uns mit dem Fahrad durch Beijing ergangen war. Nach unserem Bericht wären, wenn wir noch Zeit gehabt hätten, am nächsten Tage bestimmt alle mitgefahren.

Den Abschlußabend verbrachten wir in einem Vorstadtzirkus. Es war eine Vorführung von Kindern und Erwachsene, die alle Amateure waren. Aber so etwas hatten wir noch nie gesehen. Es schienen Menschen ohne Knochen zu sein. Wenn wir heute die chinesischen Meister im Zirkus und auf der Bühne sehen, wissen wir, wo sie einst angefangen und gelernt haben.

In der China Air, natürlich wieder mit blauen Socken, ging es zurück in Richtung Westen, nach Europa , nach Deutschland. Unter uns wand sich noch einmal wie zum Abschied die Große Mauer.

Und so hatte ich meinen großen Traum erfüllt: einmal in Peking Fahrrad fahren.

Atlantiküberquerung von Caracas bis Teneriffa
Windstärke - Seegang - Wellenhöhe - Wassertiefe.....

„Die Maschine von Frankfurt nach Caracas ist leider überbucht. Wer erst morgen fliegt, bekommt DM 600,- plus Abendessen, Übernachtung und Frühstück im Sheraton Frankfurt.“ Natürlich können wir das Angebot nicht annehmen, werden wir doch am nächsten Morgen 9 Uhr Ortszeit in der Hauptstadt Venezuelas erwartet, um am Abend um 18.30 Uhr mit der MS Bremen unsere große Atlantiküberquerung zu starten. Wir bekommen in der Lufthansamaschine zwei Plätze zunächst hinter - und dann doch nebeneinander. Zehn Stunden Flugzeit liegen vor uns, der vorzügliche Service gleicht die sehr enge Bestuhlung etwas aus.

Am 30. März 1996 landen wir um 10 Uhr in Caracas, nach der Ankunft werden wir zum Sheraton Hotel gebracht, wo wir in einem Tageszimmer bis 15.30 Uhr die zeitliche und vor allem klimatische Umstellung einigermaßen verkraften sollen. Wenn man aus dem kalten Deutschland in ein Land kommt, in dem morgens um 5 Uhr bereits 25 Grad Celsius herrschen, ist das für den Körper eine gewaltige Umstellung. So heißt es nur ausruhen und akklimatisieren...

Um 15.30 Uhr holt uns ein Bus ab. Wir fahren durch die Weltstadt Caracas. Am Strand herrscht reger Betrieb. Die heimischen Imbisse verströmen einen verlockenden Duft, die Speisen sehen sehr schmackhaft aus. Das durch seine riesigen Erdölvorkommen eigendlich reiche Land läßt seine Armen nicht an seinem Reichtum teilhaben, wir fahren durch Wohngegenden mit baufälligen Holzhütten, ärmlich und primitiv. Selbst schöne alte Kolonialhäuser sind verwahrlost und verfallen.

Im Hafen liegt die MS Bremen zwischen zwei Riesenkreuzern und wirkt klein und winzig. In Wirklichkeit faßt sie 180 Passagiere und 94 Besatzungsmitglieder. Zum Glück sind wir nur 116 Gäste und haben dadurch mehr Platz. „Klein aber fein" ist offenbar die Devise. Die Kabinen sind sehr gepflegt und gemütlich, Bademäntel, Föhn und Fernseher stehen zur Verfügung. Die Schiffsleitung spendiert eine Flasche Champagner, das Reiseunternehmen eine Flasche Sekt - dieser Anfang ist gelungen. Alkoholfreie Getränke an Bord gibt's kostenlos. Im Club sorgt eine 4-Mann - Band für die musikalische Unterhaltung. Der Küchenchef ist Franzose, das läßt auf eine exquisite Küche hoffen.

Pünktlich um 18.30 Uhr ist Abfahrt: Windstärke 3, Wassertiefe 5.000 Meter.

31. März 1996. Wir stehen um 6.30 Uhr morgens auf. Im Club gibt es Kaffee, Kuchen und Obst. Anschließend fahren wir im Fitness - Raum 10 Minuten mit dem Fahrrad, um die Gelenke aufzulockern. Bei herrlicher Sonne, Wellenrauschen und einem Frühstücksbüffet vom Feinsten frühstücken wir draußen auf Deck.

Atlantiküberquerung auf der MS-Bremen

Um 10 Uhr ist eine Seenotrettungsübung angesagt. Auf ein Pfeifsignal hin gehen wir in die Kabine, ziehen die Rettungswesten an und treffen uns an einem Sammelpunkt, wir besteigen ein Rettungsboot, wo es Verpflegung, Leuchtraketen und einen Radarsender gibt. Es ist wie die Vorführung der Rettungsmaßnahmen im Flugzeug, wir Passagiere witzeln und machen uns lustig, an den Ernstfall will keiner denken.

Das Mittagessen nehmen wir wieder an Deck ein; es ist sehr warm, der Fahrtwind weht angenehm kühlend.

Um 18 Uhr erreichen wir die Insel Grenada. Eine Viertelstunde später erleben wir einen großartigen Sonnenuntergang. Um 19 Uhr werden wir vom Kapitän begrüßt. „ Käpt`n“ Aye begeht heute seinen 60. Geburtstag. Ein großartiger Typ, Antarktisspezialist, hat bereits 28 mal die Welt umfahren. Das Käpt`ns -Dinner verläuft in einem sehr vornehmen Rahmen.

Windstärke 5, Wassertiefe 4000 Meter.

Nach einer ruhigen Nachtfahrt landen wir am 1. April um 6.30 Uhr morgens auf der grünen Insel Barbados, der Insel der Zuckerrohrfelder. Wir haben die Wettfahrt gegen zwei Konkurrenten , die „Windward“ und die „Regal of Seas“, gewonnen und können uns den besten Ankerplatz aussuchen.

Eine Inselrundfahrt. Erste Station ist Harrisons Cave, eine Tropfsteinhöhle. Alle bekommen wir einen Helm verpaßt und fahren mit der Kleinbahn durch die Höhle. Anschließend bewundern wir im Flower Park die Sammlung aller Palmen – und Blumenarten der Karibik.

Wir besichtigen am freien Nachmittag die Hauptstadt

Brighton: ein schönes Zentrum mit einem Trafalgar Sqare, einer Lord -Nelson-Säule, vielen Schmuck- und Porzellangeschäften. Ein junger dunkelhäutiger Mann spricht uns als Deutsche an und nennt seinen Vornahmen: „Rudi - nach Rudi Völler“. Fußball ist wirklich international - oder kennt er „seine Deutschen“, denn nachdem er einen Dollar von uns bekommen hat, verschwindet er grinsend in der Menge.

„Ach Gott, Jürgen, können wir keinen Rückzieher machen!? Ich hab` solche Angst. Sechs Tage nur auf See. Ohne Land in Sicht? Komm, laß uns nach Hause fliegen.“

„Quatsch! Wir sind hier und jetzt machen wir auch weiter!“ Kurze und bündige Antworten dieser Art beruhigen auch.

Um 20 Uhr legt die MS Bremen ab. Unsere Atlantiküberquerung kann beginnen.

Ich wache aus einem schrecklichen Traum auf. Das Schiff fährt sehr unruhig, ich habe das Gefühl, wir schaukeln, ja stürzen von einem Wellenberg ins nächste Wellental, wieder und wieder, ohne Ende. Mich überfällt Panik, ich kleide mich an und gehe nach oben zur Rezeption. „Hält das Ding das aus?“ frage ich voller Besorgnis. „Doch, doch, natürlich. Aber ich rufe gleich auf der Brücke an, welche Windstärke wir haben.“ Kurz darauf: „Es ist Windstärke 6, kein Grund zur Panik.“

Hier oben auf Deck wirkt alles ruhiger als unten, aber die Wellenbrecher klatschen laut ans Schiff, der Wind von Stärke 6 ist für mich Landratte ein ausgewachsener Sturm. Ich gehe nach unten. Jürgen erwacht. „Ich habe Angst!“ Wir gehen gemeinsam auf das höchste Deck. Jürgen beruhigt mich. Langsam gewöhne ich mich an das Geschaukel.

Am Morgen nach dieser unruhigen Nacht bin ich erleichtert. Allmählich finde ich das Schaukeln sogar angenehm, es hilft gut beim Entspannen. Käpt`n Aye empfindet es als die ideale Begleitung, „um die Seele baumeln zu lassen“. Und Wind stärke 6?“ grinst er mich an. „Es gibt auch 13! Aber dann machen wir sowieso auf U-Boot.“ Sein Galgenhumor hilft.

An Bord können wir einiges unternehmen: Gymnastik- und Fitnessübungen, Englischkurse, Fotovorträge - oder mit den Seeleuten Knoten knüpfen üben. Vor allem aber Essen: kalt, warm, heiß, Kuchen, Eis....bis Nachts um 1 Uhr.

Um 21 Uhr lädt der Kapitän zu seiner Geburtstagsparty auf dem Pooldeck ein, das die Besatzung geschmückt hat. Die Bordband spielt auf. Auch das Kabinenpersonal sowie die Hilfskräfte sind eingeladen und feiern mit uns bei Erdbeerbowle und Sekt bis 2 Uhr morgens. 3. April 1996, unser zweiter Tag auf See. Die Schaukelei bereitet mir immer noch Probleme, aber ich ertrage sie immer besser, der Sofortrückflug ist aus dem Wunschprogramm genommen. An Bord befinden sich auch der ehemalige Senatspräsident von Bremen, Klaus Wedemeier, mit seiner Frau und ein Moderator von Nord 3. Wir schließen eine lustige Reisenachbarschaft mit zwei Ehepaaren aus Bremerhaven und haben viel zu lachen.

Käpt`n Aye macht auf die Mondfinsternis aufmerksam, der Sternenhimmel zeigt sich von einer Klarheit und Fülle, die wir in unseren hellerleuchteten Städten und Breiten gar nicht wahrnehmen können. Am Abend Barbecue auf dem Lidodeck. Geschwindigkeit 13 Knoten; Windstärke 4-5; Wassertiefe 4.500 Meter ,Wellenhöhe 2 Meter.

4. April. Der Kapitän erklärt uns die Funktion cines Sextanten. Anschließend dürfen wir alle „ die Sonne schießen“, das heißt die Sonne mit Hilfe des Sextanten auf den Horizont „legen“, womit man auf See seine Position bestimmen kann. Zu Mittag gibt es Spiegelei mit Spinat und Bratkartoffeln, nach den üppigen Schlemmereien der letzten Tage eine willkommene Abwechslung mit Hausmannskost: „ Wir schlagen alle wie ausgehungert zu.

Allmählich nehmen es alle wahr, daß wir nach drei Tagen auf See außer Wasser, Wasser und uns Menschen an Bord kein anderes Lebewesen gesehen haben. „Seele baumeln lassen“ ist ja gut, aber wir hektischen Landratten bekommen schon Entzugserscheinungen.

„Wie eine Nußschale im endlosen Ozean, „dieses Bild ist nicht nur Literatur; ganz genauso empfinden wir uns auf unserem, verglichen mit dem riesigen Atlantik, winzigen Schiff.

Da taucht etwas auf! Selbst die Besatzungsmitglieder sind freudig aufgeregt und kommen auf die eine Deckseite. Ein Frachter , der von Singapur nach New York unterwegs ist, zieht an uns vorüber. Wir winken und rufen und beginnen zu verstehen, daß eine solche Begegnung mitten auf hoher See für alle Seeleute etwas besonderes ist und ihre weltweite Verbundenheit und Kameradschaft hervorruft, die sich insbesondere dann beweisen , wenn ein Schiff in Seenot gerät und alle selbstverständlich helfen.

Vor dem Abendessen eine Fragestunde mit dem Kapitän.

Er berichtet von seinen drei Reisen mit der MS Bremen zum Südpol, von seiner Durchquerung durch die Nordwestpassage und wie er auf eigene Faust von Kanada nach Rußland fuhr, und zwar mit Passagieren, damals ein großes Risiko.

Nach dem Abendessen ist eine Broadway-Show angesagt.

Windstärke 4-5, Wellenhöhe 3 Meter, Wassertiefe 3.000 Meter.

Was soll`s: für uns „Seebären" Kleinigkeiten....

5. April 1996, Karfreitag. Zum Mittag gibt es ein Nudelbüfett. Ostereier färben wird auch angeboten. Nachmittags einige Runden Shufflebord. Am Abend ein klassisches Konzert mit Werken von Schuhmann und Rachmaninow.

Windstärke 4, Wellenhöhe 3 Meter, Wassertiefe 3.000 Meter.

6. April. Wir fahren Richtung Osten, der Sonne entgegen Richtung Europa, und das heißt, daß nach jeder Nacht die Uhr vorzustellen ist. Morgens ist es noch recht dunkel. Der Seegang wird stärker, die Stabilisatoren werden ausgefahren. Kein Grund zur Panik, alles Routine......

Das ruhige Bordleben macht träge. Essen ist eine vortreffliche Abwechslung, heute nachmittag lockt uns ein besonders abwechslungsreiches Küchenbüfett.

Die Crew veranstaltet am Abend eine eigene Show, die Offiziere tanzen Can Can, die Kabinenmädchen bringen Tanzeinlagen, die philippinischen Hilfskräfte spielen zur Musik auf. Ein herrlicher , lustiger und übermütiger Abend.

Windstärke 5, Wellenhöhe 3 Meter, 4.800 Meter Wassertiefe.

7. April 1996, Ostern auf hoher See. An Deck findet ein Osterfrühschoppen statt mit der Bordband und Freibier.

Das Büfett bietet Kasseler Braten, Fleischkäse, Weißwurst und Salate. Stimmung pur!

Am Nachmittag kann, wer will - und fast alle wollen -, den Maschinenraum besichtigen, der Chefingenieur erklärt die Funktionen der Maschinen. Beruhigend zu wissen , daß die zwei Motoren eine Leistung von 3.300 PS haben.

8. April. Vor uns tauchen die Kapverdischen Inseln auf, gegen 7.30 Uhr erreichen wir den Hafen von Mindelo auf der Insel Sao Vicente. Die Inseln zählen zu den ärmsten Ländern der Welt. Doch wir sind angenehm überrascht, als wir durch die Straßen gehen. Alles ist sehr einfach, aber sauber, eine Mischung aus Portugal, Afrika und früherer Kolonialzeit. Die Menschen hier sind außergewöhnlich freundlich, überall lacht man uns an. Die Frauen sind erpicht darauf, fotografiert zu werden, und stellten sich sofort in Pose. Die Hautfarbe der Einwohner geht von hell über braun bis dunkel. Die Kinder warten geduldig und ohne zu betteln auf eine Kleinigkeit.

Wir fahren mit dem Bus durchs Gebirge zum Strand, endlos, aber menschenleer. In der Kirche von Mindelo wird für unser Schiff eine Messe gehalten.

Zurück an Bord. Wir fahren in einem Schlauchboot, Kajak mit je 8 Passagieren durch den Hafen, jede Menge Schiffswracks, hier liegen viele gesunkene Schiffe aus der Zeit von 1930 bis 1950.

Eine Inselfähre läuft ein, völlig überfüllt, jeder Platz ist besetzt, sogar auf den Rettungsbooten. Unwillkürlich denken wir an die Schreckensmeldungen von überfüllten Fähren, die untergehen und oft Hunderte oder gar Tausende in den Tod reißen. - Jetzt können wir uns das vorstellen.

Unser Tischnachbar hat Geburtstag. Beim Abendessen kommen der Restaurantchef und das Bedienungspersonal unseres Tisches mit einer Torte, die mit brennenden Sprühkerzen bestückt ist, an den Tisch. Der Saxofonspieler der Band intoniert „Happy birthday......“.

Die Geburtstagsfeier wird an der Bar fortgesetzt.

Beim Auslaufen haben wir stürmische See, Windstärke 6. Seefeste Atlantiküberquerer bleiben da gelassen.

9. April 1996. Wir befinden uns wieder auf hoher See, unser Schiff schaukelt stark, das Wasser ist unruhig. Die Sonne strahlt dennoch vom Himmel, an Bord ein ruhiger Tag.

Für heute abend hat der Kapitän zum Abschiedsessen eingeladen. Um 19 Uhr ist Cocktailstunde. Der Kapitän und Reiseleiter halten kurze Reden. Die Offiziere gehen auf die Bühne und singen Seemannslieder. Eine mitreißende Musik, die Stimmung ist auf Wehmut und Abschied gerichtet.

Wir sitzen mit dem Chefingenieur, einem Rheinländer mit viel Sinn für Humor, und weiteren drei Ehepaaren an einem Tisch. Das Menü ist exzellent, kredenzt werden australische Weine. Ein wunderschöner Ausklang unserer herrlichen Reise.

10. April 1996. Unser letzter Tag an Bord. Wir lassen alle noch mal die Seele baumeln, nutzen und genießen die Annehmlichkeiten an Bord.

Morgens um 8 Uhr legen wir in Teneriffa an, um 9 Uhr ist der letzte Frühschoppen an Bord, danach die Ausschiffung.

Über Barcelona fliegt uns die Iberia nach Frankfurt. Wir übernachten noch einmal, ehe uns am Freitag der Zug nach Hause bringt.